CARL GREDÉ

Wie oft hat man mich umgebracht

Die 113 Zettel des Daniel C.

VERLAG JUNGBRUNNEN WIEN MÜNCHEN

CIP-Kurztitelaufnahme der Deutschen Bibliothek

Gredé, Carl:
Wie oft hat man mich umgebracht: d. 113 Zettel d.
Daniel C. / Carl Gredé. —
Wien; München: Verlag Jungbrunnen, 1985. —
ISBN 3-7026-5577-8

Einbandentwurf von Otmar Grissemann

Druck: Novographic, Wien.

Gracias

a K. J., porque, a pesar de todo, lo quiero . . .
a mis amigos de viena, son lo mejor que tengo.

Vorwort

Dieses Buch ist ein wichtiges Zeitdokument. Es gibt politische und soziale Informationen aus erster Hand über Argentinien: der Bericht eines jungen Deutschen, der auf einer Reise nach Buenos Aires kam, dort einen Slum-Priester kennenlernte und bei ihm blieb, um mit ihm und nach dessen Tod für die Ärmsten der Armen zu sorgen: für die verwaisten und von den Eltern ausgesetzten Kinder. Was er an Ort und Stelle passiv und aktiv erlebte, ist die Geschichte Argentiniens von 1976 bis 1984.

Was wir darüber aus der so oder so tendenziös gefärbten Presse erfuhren, das wird in diesem Buch korrigiert, ergänzt, bestätigt, interpretiert, in aller Sachlichkeit und mit politischer Vernunft, wenn auch diktiert vom tiefen Mitleid mit den Opfern der Militärdiktaturen. Der Autor ist kein Kommunist, als den man ihn in Argentinien verdächtigte, wie man jeden verdächtigte, der sich sozial engagierte, auch die katholischen Priester der Basiskirche; er ist vielmehr ein echter Christ, der es als solcher nicht leicht hatte mit der argentinischen Amtskirche, die sich mit der jeweiligen Rechtsdiktatur arrangierte.

Der im Titel Gemeinte, der „viele Male Gemordete", ist das argentinische Volk in seiner immer wieder getäuschten Hoffnung auf Befreiung.

Der Gemordete, das sind viele, viele Argentinier, die man politisch verdächtigte und ohne Prozesse folterte und verschwinden ließ für immer, darunter auch Mitarbeiter des Autors, der selbst nie sicher war vor dem gleichen Schicksal, da man in den Elendsvierteln Nester des Widerstands und Schulen für Terroristen witterte, was jedoch nicht stimmte.

Alles in allem: ein politisches und historisches Dokument, aber auch ein menschliches. Der Autor, fern davon sich selbst für einen Helden zu halten, ist ein Vorbild für heldenhaftes Verhalten gegen die institutionelle Gewalt, wie immer sie eingefärbt ist.

Luise Rinser

Lieber Carl,

Du bist nun also in Europa, machst Urlaub von acht Jahren Militärdiktatur in Deiner Heimat Argentinien. Du glaubst nicht, wie sehr meine Freundin und ich uns freuen, daß Du hier bist, denn nun wissen wir ganz bestimmt, Du hast überlebt!

Ich schrieb Dir ja schon einigemale nach Buenos Aires und ließ Dich wissen, wie sehr wir oft in Sorge um Dich waren, wenn wir Deine Rundfunkprogramme gehört hatten, wußten wir doch auch hier, wie Eure Militärregierung mit Euch, oder denen, die gegen" sie waren, umsprang. Wir hatten oft Angst um Dich, meine M. und ich, und waren immer froh, wenn am folgenden Abend Deine Stimme wieder über den Äther kam.

Viel hast Du uns erzählt von Argentinien; wir standen mit Dir in Feuerland, dort, wo die Erde ins Wasser fällt, wir fuhren mit Dir durch die endlosen Steppen Patagoniens, (obwohl ich weder Patagonien, noch Dich persönlich kenne, mag ich's wie Du), ich empfand auch mit Dir die 47 Grad im Schatten in der Urwaldregion Misiones im Nordosten Argentiniens und stand sprachlos neben Dir vor der gewaltigen Wucht der Wasserfälle Iguazu mitten im Urwald. Auch Buenos Aires haben wir mit Dir in Deinem Stadtbummel-Programm durchstreift. Ich bin sicher, wenn ich eines Tages nach Buenos Aires komme, ich kenne mich aus, ich verlaufe mich nicht. Das Beste an Deinen Programmen aber warst doch Du, war Deine Menschlichkeit (irgendwie muß ich's benennen), die Du jeden Abend ausgestrahlt hast. Da hast Du Dich nicht gescheut, die Militärdiktatoren als verantwortlich für Mord, Folter und Korruption zu nennen, da hast Du uns mitleiden lassen, mit denen, die unterdrückt wurden.

Ich vermute, daß das, was ich Dir hier über Dich schreibe, nicht paßt. Du hast ja in den Sendungen oft gesagt, Deine Hörer sollten Dir nicht schreiben, daß Du mutig bist, weil Du das absolut nicht wärst; Außergewöhnliches würdest Du ja nicht tun. Für uns warst Du ungeheuer mutig und Du mußt Dich, ob es Dir recht ist oder nicht, an dem messen lassen, was Du in der schlimmen Zeit da bei Euch ganz offen – und wahrscheinlich auch ganz schlimm allein gelassen – gesagt hast.

Das wirst Du jetzt merken, wenn Du hier an den vielen Veranstaltungen teilnimmst, die für Dich organisiert wurden. Du wirst sicher immer die gleichen Fragen beantworten müssen. Aber bedenke, die meisten fragen nicht aus Neugier, sondern weil Du sie während Deiner Rundfunktätigkeit mit Deiner Menschlichkeit (mir fällt kein besseres Wort ein, um zu sagen, was Du in mir und vielen anderen entblockt hast) dazu motiviertest, nämlich: nicht nur zuzuhören, sondern auch zu denken und sich mit dem andern zu identifizieren, egal in welchem Breitengrad der lebt.

Darum, und nicht nur, weil ich neugierig bin, bitte ich Dich jetzt mir zu erklären, warum

Euch das passierte in Argentinien, dieser Militärdruck, und vor allem: was wirklich passierte. Hier bei uns weiß man da so gut wie nichts, ist eben zu weit weg von uns ...

Lieber Karl, bestimmt hast Du viele ähnliche Briefe bekommen. Bedenke aber bitte: wenn da nicht hin und wieder irgendwo so einer auftauchen würde wie Du, ich weiß nicht ... Verstehst mich schon, da bin ich sicher.

Viele Grüße auch von meiner M. und von meinen Eltern

Dein O.

Erster Brief

Eigentlich wollte ich Deine Fragen, *warum* und vor allem *was* in Argentinien zwischen 1976 und 1983 passieren konnte und passierte, mit den üblichen Erklärungen beantworten, mit denen ich viele Briefe füllte, die aber im Grunde genommen doch nicht enthalten, was einer Wahrheit nahekommt.

Doch dann fiel mir ein: Du bist noch jung, bist bereit zu lernen und (noch) nicht ausschließlich auf die Absicherung Deiner eigenen Zukunft fixiert. — Dich interessiert auch der Rest.

So will ich versuchen, Dir zu antworten.

Ich werde für Dich die Aufzeichnungen des Daniel C. aufarbeiten, die sich in meinem Besitz befinden und mit denen ich bisher nicht so genau wußte, was anfangen.

Wer Daniel C. war? Du wirst das wissen, sobald Du meine Briefe gelesen hast. Und vielleicht findest Du dann, wenn schon keine Antwort, so doch zumindest eine Erklärung für all den Terror, die Korruption, die Lächerlichkeit, denen wir in den sieben Jahren Militärdiktatur ausgesetzt waren. Und absurd und lächerlich war sie im Grunde genommen, diese kleine Gruppe von uniformierten „Staats-Terroristen", die sich nach dem Prinzip der „Nationalen Sicherheit" das Recht anmaßte, über Leben und Tod zu entscheiden.

Vielleicht begreifst Du dann auch, wie gefährlich Indifferenz und das *no te metas* („Mische dich nicht ein") sein können — in unserer Zeit, überall.

Vielleicht wird Dir dann bewußt, wie unerläßlich notwendig es ist, sich ja doch einzumischen. So kann jeder einzelne dazu beitragen, daß es nicht zu einer Neuauflage von Gewalt kommt — nicht nur bei uns in Argentinien, denn es ist kein Naturgesetz, daß solche Schrecken nur in Südamerika vorkommen.

Die seit 1810 unabhängige Republik Argentinien ist laut Verfassung eine Bundesrepublik, die nach dem Präsidialsystem regiert wird. Der Präsident, das Abgeordnetenhaus und der Senat der Republik gehen aus freien Wahlen hervor, an denen sich jeder Argentinier ab seinem 18. Lebensjahr beteiligen muß. Dieses System wurde — mit all der Unordnung, die einfach zu einem demokratischen Rechtsstaat gehört — bis 1930 praktiziert. Doch damals, genau am 6. September dieses Jahres, begann Argentiniens Unheil: Es gab den ersten Militärputsch.

Von diesem Tag an kam das Land nicht mehr zur Ruhe. Keine gewählte Regierung konnte ihre Amtszeit beenden — mit Ausnahme General Perons; aber auch er wurde im Jahr 1955, während seiner zweiten Amtszeit, von seinen eigenen „Waffenkameraden" gestürzt und ins Exil geschickt.

1970 begann auch in Argentinien die blutige Epoche des bewaffneten Terrorismus. Auftakt dafür war die Entführung und Ermordung General Aramburus, der zu denen gehörte, die nach dem Sturz Perons das Land ordnen wollten. Zum Zeitpunkt seiner Ermordung befand er sich schon lange im Ruhestand und genoß bei der Bevölkerung relatives Ansehen. Die subversiven Banden gehörten zwei Gruppierungen an: einmal der extrem Linken ERP, mit konfusen Ideen von der großen Weltrevolution, denen auch Terroristen in anderen Breitengraden anhängen; die zweite, weitaus größere Gruppe, die Montoneros, gehörte damals noch zur politischen Jugendbewegung der Peronisten. Später aber wurde sie vom ideologischen Spaltpilz befallen und teilte sich in mehrere Gruppen auf.

1973 wurde in Argentinien wieder einmal gewählt. Es gewann ein Zahnarzt namens Campora, der stellvertretend für Juan Domingo Peron kandidierte (Peron saß damals noch in seinem spanischen Exil). Campora war eine unbedeutende Marionette, ohne eigenes politisches Profil — und doch war er direkte Ursache des drei Jahre später erfolgten Militärputsches: Campora, „beraten" von seinen beiden extrem links orientierten Söhnen, brachte schon in seinen ersten Amtstagen im Kongreß ein Amnestiegesetz durch. Es wurde von allen politischen Parteien gebilligt und gab den rechtmäßig inhaftierten Terroristen die Freiheit wieder. Und diese nützten sie auf ihre Art. Eine Welle von Attentaten, explodierenden Bomben, Entführungen und Ermordungen brach über uns herein.

Nach nur 49tägiger Amtszeit trat Campora zurück, um seinem inzwischen aus Spanien heimgekehrten Herrn Platz zu machen. In einer Nachwahl wurde General Juan Domingo Peron von mehr als siebzig Prozent der wahlberechtigten Argentinier zum neuen Präsidenten gewählt. Vizepräsidentin wurde seine dritte Frau, Maria Estela Martinez, kurz Isabel genannt; das war ihr „Künstlername", unter dem sie Jahre vorher in einem Nachtclub in Panama als Tänzerin aufgetreten war.

Während der kurzen dritten Regierungszeit Perons trat in Argentinien relative Ruhe ein. Es gelang ihm zwar nicht, seine gewalttätig gewordenen Jugendgruppen unter Kontrolle zu bringen (in einer spektakulären Massenversammlung sagte er sich offiziell von den Montoneros los), doch allgemein erwarteten wir alle, daß Peron es schon schaffen werde. Vielleicht hätte er das auch, doch der alte und leicht senil gewordene Caudillo starb am 1. Juni 1975. Und neue

Präsidentin wurde Isabel Peron. Trotz allem, was man dieser Frau zum Vorwurf machen kann, bleibt sie wohl doch ein bedauernswertes Geschöpf, das in totaler Selbstüberschätzung Verantwortung übernahm, der sie in keiner Weise gewachsen war. Die unmittelbare Folge war ein moralisches Chaos ohne Beispiel.

Regiert wurde Argentinien während der kurzen Amtszeit Isabels von den peronistischen Einheitsgewerkschaften, von einigen zwielichtigen „Politikern", die Isabel umschwirrten wie die Moskitos das Licht, und von der bewaffneten Subversion. Um die unhaltbare Situation wieder in den Griff zu bekommen, setzte die Regierung die Streitkräfte legal gegen die Terroristen ein; Isabel verhängte den Ausnahmezustand und hoffte, damit putschwillige Militärs beruhigt zu haben. (Während des Ausnahmezustandes beziehen Offiziere zum Teil das doppelte Gehalt, zumindest bisher war das so.)

Doch Isabel hatte die Rechnung ohne den Wirt gemacht. Im September 1975 ernannte sie den vorher vom Senat zwei Jahre lang blockierten General Jorge Rafael Videla zum Oberkommandierenden des Heeres. Wenige Monate später, zu Weihnachten, drohte er ganz offen mit einem Putsch und gab der Regierung Isabel Perons neunzig Tage Zeit, dem allgemeinen Chaos im Lande ein Ende zu setzen. Niemand protestierte, niemand reagierte, und nichts änderte sich. Isabel besaß keine Autorität mehr, um etwas zum Positiven zu ändern. Außerdem, davon bin ich fest überzeugt, wurde sie sich zu keiner Zeit bewußt, was wirklich alles in ihrem Namen geschah.

Und so kam, was kommen mußte.

In den Nachtstunden vom 23. zum 24. März wurde Isabel Peron gestürzt und inhaftiert. Wie wir den bombastischen, von Militärmusik untermalten ersten Meldungen entnehmen konnten, hatte eine „Junta", bestehend aus den Chefs des Heeres, der Marine und der Luftwaffe, die Macht im Lande übernommen. Nach dem Willen dieser „Herren" wurde ein „Nationaler Reorganisationsprozeß“ eingeleitet: *el proceso de la reorganisación nacional.*

Der Putsch wurde allgemein mit einem Aufatmen begrüßt.

Auch von mir. So wie es vorher gewesen war, konnte es nicht weitergehen, glaubten wir. Politische Alternative gab es auch keine, nachdem selbst Ricardo Balbin, der Vorsitzende der Radikalen Bürgerunion und nach Peron die Nummer Zwei im politischen Leben Argentiniens, im Fernsehen bedauernd erklärt hatte, die Lage sei chaotisch, und er könne auch keine Lösung anbieten.

Was also blieb für uns? Einmal mehr eine Militärregierung, die ein wenig aufräumt, Ordnung schafft und dann wieder in die Kasernen abzieht. Wie gehabt, dachten die meisten. Auch ich. Wenn wir gewußt hätten, was uns erwartet. . .

Zurück zu Daniel C.

Am 11. Mai 1974 wurde der Jesuit Carlos Mujica ermordet. Er gehörte einer Gruppe von Priestern und Laien an, die sich in der Dritte-Welt-Bewegung — *tercer mundistas* — von der passiven Linie der „Amtskirche“ entfernt hatten, für die Hilfe in Not immer nur caritativen Charakter hat. Er hingegen setzte sich in Basisgemeinden direkt für die Ärmsten der Armen ein, um mit ihnen gemeinsam Lösungen für eine längst überfällige Änderung ihrer Situation zu finden. Dieses Wirken für den Menschen, meist in den Elendsvierteln, wo ganz einfach die größte materielle und menschliche Not vorherrscht, paßt nur sehr selten mit den von der offiziellen Kirche verfolgten Richtlinien überein. (Ich bemühe mich um eine behutsame Formulierung.)

Zwar geht man in den seltensten Fällen offen gegen die Priester und Laien der Dritte-Welt-Bewegung vor, doch selten widerspricht ein Bischof dem immer wieder erhobenen Vorwurf, es handle sich um Kommunisten, Prediger der Gewalt, und ähnliches.

Wer Pater Mujica erschoß, ist bis heute ungeklärt. Zu jener Zeit trieben nicht nur die linken Terroristen ihr Unwesen — Montoneros, Trotzkisten, ERP — sondern auch schon die unter Isabels Amtszeit praktisch offizialisierte und legalisierte rechtsextremistische „Argentinische Antikommunistische Allianz" sowie weitere paramilitärische und parapolizeiliche Mörderbanden.

Kurz, Carlos Mujica war tot; seine Arbeit und die seiner Freunde wurde zwar fortgesetzt, aber sehr behutsam, auf Zehenspitzen sozusagen.

Bei der Beerdigung, die in der Kapelle „seines" Gemeindezentrums in einem Elendsviertel in Buenos Aires stattfand, bin ich Daniel C. zum erstenmal begegnet.

Mit Professor A., meinem damaligen „Chef", blieb ich in der Kapelle zurück (ich mochte und mag Friedhöfe nicht). Ebenso Daniel und ein inzwischen ebenfalls verstorbener Bischof. (Ihn überzeugte Daniel später, mit den für die Modernisierung des Bischofspalastes bewilligten Geldern ein Heim für ausgesetzte Kinder zu bauen. Der Bischof tat's!)

Wir blieben damals beisammen, während Carlos Mujica von einer großen Schar seiner Gemeinde zum Mausoleum der Jesuiten auf dem Friedhof Recoleta begleitet wurde.

Es war an jenem Tag, daß Daniel mich mit seiner festen und — wie er immer erklärte — einzigen Überzeugung bewußt ansteckte. Nämlich: daß Gewalt ein natürliches Recht der Tiere ist und uns Menschen nicht zusteht. Nie; zu keiner Zeit, aus keinem Grund! Natürlich war ich gegen Gewalt, wie auch nicht, als Christ und so; aber was es bedeutet, diese Gewaltlosigkeit auch tatsächlich zu leben, wußte ich an jenem Tag im Mai 1974 noch nicht, das kam später.

Daniel C. stammte, wie rund achtzig Prozent der Bevölkerung, aus einer Einwandererfamilie, also keine Seltenheit in Argentinien. Er war ein *Provinciano;* das heißt, er kam aus dem Inneren des Landes, nicht aus der Zwölfmillionen-Stadt Buenos Aires, war promovierter Philosoph und fast fertiger Theologe und dabei blieb es. Beruflich war er zu jener Zeit noch als Lehrer in einer religiösen Schule in Buenos Aires tätig. In seiner Freizeit widmete er sich einer ständig wechselnden Zahl vagabundierender Kinder, die in und um die zahlreichen Elendsviertel (*Villa Miserias* genannt) versuchten, zu überleben. Daniel C. bewohnte damals eine Zweizimmerwohnung in Nuñez, einem Vorort von Buenos Aires.

Von seiner Familie, die in Mendoza, im Norden Argentiniens, lebte, sprach er selten. Nach seinem Verschwinden besuchte ich die Mutter. Sie zeigte völliges Desinteresse am Leben ihres jüngsten Sohnes, war wohl verbittert durch langes Witwentum, desillusioniert durch zuviele zerschlagene Hoffnungen, und stand dem Schicksal des Sohnes resignierend gegenüber. Sie wollte nichts unternehmen, sicher auch aus Angst, „die" könnten dann auch noch die Familie belästigen.

Das ist in groben Zügen alles, was Du von Daniel C. wissen solltest, damit das Folgende verständlich wird.

Ich bitte Dich noch zu bedenken, daß ich die Aufzeichnungen aus dem *Castellano* übersetzen muß, der südamerikanischen Ausgabe des „Mutterland-Spanisch". Es sind 113 Zettel und Blätter, meist ohne Datum, selten vollständig.

Für mich selbst ist das alles nicht sehr leicht. Es wird eine Aufarbeitung von Miterlebtem und, vor allem, Miterlittenem, das von mir (und nicht nur von mir) noch lange nicht als abgeschlossene Episode akzeptiert wird. M., die diese Aufzeichnungen kennt, bat mich, vorsichtig zu sein, nicht alles zu schreiben. (Die Angst sitzt uns noch in den Knochen, kein Wunder nach fast achtjährigem Faschisten-Terror.)

Aber versprochen ist versprochen, und so bekommst Du Deine Antwort — eine subjektive Antwort, etwas anderes darfst Du von mir nicht erwarten, wenn es um die Argentinier und um Argentinien geht.

Zweiter Brief

Lassen wir jetzt Daniel C. selbst zu Wort kommen.

Sieben Kinder, verlaust, dreckig und erschöpft. Laut Auskunft der Nachbarn in der Villa hausen sie schon seit Monaten zusammen. Den Leuten in der Villa fiel das nicht weiter auf, Kinder gibt's hier genug, man schafft es kaum, sich um die eigenen zu kümmern. Die sieben Jungen hatten sich eine Holzhütte hergerichtet so gut sie konnten. Meine Fragen nach Familie blieben ohne klare Antwort, keiner der zwischen 7 und 11jährigen konnte (oder wollte) sich erinnern. Zu uns in das Zentrum waren sie gekommen, weil zwei krank waren. Bei beiden wurden Leberentzündung und alle Folgeerscheinungen der Unterernährung festgestellt. R. säuberte sie, vorher fotografierte ich sie. Die Frage, wohin mit ihnen, blieb offen, wir hatten schon drei und im Moment so gut wie keine Mittel. I. half.

I. war Kinderärztin, angestellt in einem städtischen Hospital. In ihrer Freizeit half sie im Zentrum, kostenlos natürlich. Sie war politisch stark an Perons Ideologie gebunden. 1976 sprengte man mit einer Bombe ihr Auto, die Vorderfront ihres Vorstadthauses und ihre Mutter, die sich im Garten befand, in die Luft. I. verließ Argentinien.

Nach Ärger in der Schule und sieben neuen Kindern jetzt auch noch nächtliche Ruhestörung, wieder anonyme Anrufe. Dachte, die Zeit sei vorbei. Wer beschimpft mich „Kommunistenschwein, das schon viel zu lange gelebt hat"? C. und M. anrufen, werde sie warnen. Die W.s halfen einmal mehr, großes Lebensmittelpaket. Gute Menschen, verstehen zwar nicht, warum ich meine Zeit, mein Geld, meine Nerven mit den „Schwarzen" vergeude, doch helfen immer, wenn Not am Mann ist.

Diese Notizen Daniel C.s gehören in die zweite Hälfte, wohl in den Oktober, 1975. Das von Daniel als „Zentrum" bezeichnete Gebilde war eine bessere Hütte, allerdings aus Stein. Die meisten anderen sind nur aus Holz und allem, was man eben als Baumaterial benutzen kann. Sie befand sich in einer Villa Miseria am Stadtrand von Buenos Aires. Diese Elendsviertel ziehen sich wie ein Gürtel um die Stadt, jede wird von zwei- bis dreitausend Menschen bewohnt, die oft auf engstem Raum in armseligen Hütten leben. Die meisten ohne Wasser und Stromanschluß. Statt dessen gibt es ein oder zwei Wasserstellen am Rande der *Villa.* Strom legt man sich in „Selbsthilfe" zu, das heißt, man zapft eine Leitung an.

In diesen Elendsvierteln leben in erster Linie *los negros* — die Schwarzen. Natürlich sind das keine richtigen Neger, sondern die etwas dunkelhäutigen Nachkommen der Verbindungen zwischen weißen Einwanderern oder Konquistadoren und Eingeborenen. Diese Menschen wurden und werden im Zusammenspiel der selbsternannten Mächtigen (der Großgrundbesitzer, der Kirche, des Militärs, und so weiter) immer benachteiligt. Die in der Verfassung garantierten gleichen Rechte für alle bleiben den *Negros* meist unerreichbar. Auch politisch wurden sie ausgenutzt. Peron war Meister in demagogischen Versprechungen, die ihm die Massen der Ärmsten der Armen zutrieben. Doch getan hat auch er nichts, um die schlimme Situation zu ändern. Es war die legendäre Evita, die sich für diese Menschen einsetzte und anfangs der fünfziger Jahre die sozialen Garantien und Sicherheiten durchsetzte, die bis dahin von der allmächtigen „Oberschichte" verhindert worden waren. Sicher bediente Evita sich nicht unbedingt gängiger Mittel — vielleicht lag das an der ganzen, politisch nicht korrekten Umgebung, die die beiden Regierungsperioden Perons charakterisierte —, doch unbestreitbar hat Eva Peron das Fundament für die heutige argentinische Sozialgesetzgebung errichtet. Ich weiß nicht, ob Du die Rock-Oper „Evita" gesehen hast. Einiges, was dort dargestellt wird, stimmt sicher mit der Realität überein. Doch was zählt und bis heute in vielen Millionen argentinischen Herzen unvergessen bleibt, ist ihr energischer Einsatz für die Armen, *los descamisados,* die Hemdlosen. Evita war die erste Politikerin, die nicht nur versprach. Es war ein Drama für die (trotz aller Vorbehalte) große Argentinierin und für die Argentinier, daß Evita 1952 im Alter von nur zweiunddreißig Jahren starb. Vieles, was sie eingeleitet hatte, blieb unfertig, vor allem im Gewerkschaftssektor. Und bis heute fand sich in der peronistischen Volksbewegung keiner, der Evitas Einsatz positiv zu Ende führen könnte.

So leben sie also noch heute in ihrer oft erschreckenden Armut und Hilflosigkeit, *los descamisados,* wie eh und je. Es waren dann Christen, die sich in der Dritte-Welt-Bewegung zusammenschlossen, um sich ihrer anzunehmen. Doch vieles, was von Priestern, Laien und Privatinitiativen an menschlicher Hilfe versucht wird, ist politisch verwässert. Und das macht es den „Anderen" leicht, die an den entsetzlichen, unmenschlichen Zuständen nichts geändert wissen wollen, dies alles als „marxistisches Machwerk" zu diffamieren; leider nicht nur mit Worten. Am Beispiel Daniels wirst Du das erkennen. Von der verbalen Verleumdung bis zur Entführung, zur Folter, dem „Verschwindenlassen" war es nur ein winziger Schritt. Doch zuerst kam immer die anonyme Drohung.

Gehört hatte ich schon von andern, daß es so etwas gab. Erlebt noch nie, auch den Gedanken, daß ich das erleben könnte, nie auch nur in Betracht gezogen. Es gab auch keinen Grund dazu. Dachte ich.

Es war exakt 8 Minuten nach 1 Uhr, als das Telefon klingelte. Ich mußte wohl gerade eingeschlafen sein, war leicht benommen, und es dauerte einen Moment, bis ich begriff, was mir da gesagt wurde. Eine Männerstimme teilte mir in sachlichem Ton mit: „Wir haben beschlossen, dir den Fahrschein zu geben (te hacemos el boleto). Du bist fällig, stehst auf unserer Liste, denke daran: wir kommen".

Dachte zuerst, irgendwer macht sich einen Scherz mit mir, makaber zwar, so nachts um 1 Uhr, aber . . .

Und schon auf dem nächsten Blatt:

3 Tage später wurde mir bewußt, daß ich meine Gewohnheiten dem Anruf 8 Minuten nach 1 Uhr angepaßt hatte. Ich ging später ins Bett. Auch Auflegen nützte nichts, die hatten Ausdauer, riefen so lange an, bis sie ihre „Botschaft" angebracht hatten. War immer dasselbe: aufhören sollte ich mit meiner „subversiven Aktivität". Welcher?

Die Anrufe machen mich nervös, erschrecken mich, machen mir Angst. Versuche klar zu denken, sprach mit C., und vor allem mit R., darüber. Die wollte sofort umziehen, weggehen. Auch bei den L.s hat es so angefangen: Anonyme Drohungen, dann waren sie einige Tage spurlos verschwunden, keiner regte sich auf, sind wohl untergetaucht, dachten wir. Dann lagen ihre Leichen, zusammen mit 18 weiteren, auf einem Parkplatz, mitten in Buenos Aires. Ein Pappschild war dabei, mit dem Hinweis, es seien „Subversive".

Am 7. Tag Gespräch in der Comisaria (Polizei), verlangt Beweise, könnte ja jeder kommen, rausgeschmissen . . . Was hatte ich auch erwartet.

Wissen die anonymen Anrufer eigentlich, was sie anrichten? R. bleibt dabei, will umziehen. Ich nicht, warum auch. Meine Haltung zur Gewalt ist bekannt, politisch bin ich nicht aktiv, daß mir Isabels „Regierung" nicht zusagt, macht mich nicht zum Subversiven. Oder vielleicht doch? Für „die"?

Wieder ein Zettel, kaum eine Woche später:

Am 17. Tag entnervt, mißtrauisch, voller Unruhe und Angst, „Grippe" genommen, mit R. nach J. in den Norden gefahren. Weg von Nuñez, weg vom Telefon.

Es war meines Wissens der erste „Untertauch-Urlaub" von Daniel C. und die letzte gemeinsame Reise mit R. (die beiden wollten heiraten, irgendwann). Sie kam kurze Zeit später bei einem Autounfall ums Leben.

Diese Episode fällt in den September 1975, in die chaotisch-beschämendste Zeit der Amtsperiode Isabel Perons. Sie hatte sich für einige Monate von den Regierungsgeschäften zurückgezogen. Der damalige Senatspräsident Luder wurde Interimspräsident des Landes. Er war es auch, der mit Unterstützung der peronistischen Kongreßmehrheit die Militärs in den Kampf gegen die bewaffnete „linke Subversion" schickte. Gegen die nicht weniger gewalttätigen rechten Terroristen wurde nichts unternommen. Die sorgten auf ihre eigene Art für „Recht und Ordnung" im Lande. Später sollten sie von den Militärs übernommen und perfektioniert werden, um dem „Nationalen Reorganisationsprozeß" zum Erfolg zu verhelfen.

Das Problem der *Villa Miserias,* die dort herrschende Not und Hilflosigkeit, das Problem der ausgesetzten, vagabundierenden Kinder interessierte nicht. Und von ihnen gab es immer mehr. Meist waren es

Kinder, die von den Eltern irgendwann, irgendwo vergessen wurden. Sie versuchen in der Regel in Gruppen zusammengeschlossen, zu überleben. Sie arbeiten, sie stehlen . . .

Viele werden von Erwachsenen, oft den eigenen „Eltern", zur Arbeit ausgenutzt. Das Problem ist bekannt und läßt sich auch gar nicht verheimlichen, schließlich sieht man die bettelnden, im Müll nach Eßbarem wühlenden, Lumpen sammelnden, Schuhe putzenden oder Zeitungen verkaufenden Kinder ja überall. In der Regel greift man staatlicherseits nur ein, wenn man durch Zufall eine Straftat nachweisen kann. Dann kommen sie in Heime, von denen es viel zu wenige gibt. Die meisten sind zudem aus Mangel an ausreichenden Mitteln schlecht geführt — mit Ausnahme einiger Vorzeig-Heime, in denen auf die Bedürfnisse der Kinder zugeschnittene Zustände vorherrschen. Was bleibt, ist die Privatinitiative. Menschen, denen diese entsetzliche Situation nicht gleichgültig war, und die nicht warten wollten, bis staatlicherseits etwas geschah, versuchten selbst zu helfen, so gut sie konnten. Möglichkeiten gab es viele. Denn gegen die zu einem Erwachsenenleben gezwungenen Kinder wird das nach meiner Meinung aggressivste Verbrechen der Menschenrechtsverletzung begangen, von uns „Erwachsenen" natürlich als „gegeben" akzeptiert. Diesen Kindern, nicht nur in Argentinien, aber das weißt Du selbst, wird bewußt ihr Recht auf Ernährung vorenthalten, auf medizinische Betreuung, Schulbesuch, Schutz und — was am schwersten wiegt — auf das Recht *Kind* zu sein. Keine Regierung, weder die demokratisch gewählte Perons, noch jene seiner Erbin Isabel, kümmerte sich um dieses Problem. Man schritt ein, dort wo es zu „sichtbar" wurde, dem Ansehen der jeweiligen Regierung schaden konnte. Dann wurde die Polizei auf die Kinder angesetzt, man verjagte sie aus ihren Schlupflöchern. Wurde man ihrer habhaft, sperrte man sie ein, mißhandelte sie; behandelte sie wie Erwachsene. Geholfen wurde nicht.

Erst Ende März 1984 wurde im Staatssekretariat für Familienentwicklung, dem auch der Jugendschutz untersteht, ein Projekt ausgearbeitet. Es sieht nicht nur die Einweisung der ausgesetzten Kinder in Heime vor, was ohnehin nicht möglich wäre, handelt es sich doch um rund dreihunderttausend Kinder unter zwölf Jahren, um die es hier geht. Man will vielmehr darüberhinaus versuchen, im Rahmen einer sozialen Rehabilitierung die ganze Familie mit einzubeziehen. Denn hier ist ja die Ursache dieses unmenschlichen Problems zu suchen. Schließlich ist die große Zahl weggeworfener oder vagabundierender Kinder die direkte Konsequenz zerstörter Familien. Ihnen ist, da sie sowieso schon zu jener Bevölkerungsschicht gehören, die im Schatten lebt, jede Aussicht auf relative sozial-wirtschaftliche Sicherheit genommen. Hunger und Elend nehmen solche Ausmaße an, daß der Versuch zu überleben jedes Gefühl erstickt, auch das der Verantwortung, der Liebe zu den eigenen Kindern. Diese Zustände sind eine direkte Folge unfähiger Regierungen — und hier beziehe ich mich nicht nur auf die Uniformierten der letzten acht Jahre, die ihre Hauptaufgabe darin sahen, sich in großem Maßstab selbst zu bereichern, öffentliche Gelder zu verschleudern und sie auf ausländische Bankkonten zu transferieren. Darum durchlebt Argentinien heute ein soziales Drama ohne Beispiel in seiner 174jährigen Geschichte. Wegen der hemmungslosen Korruption (hier übertrafen die Uniformierten sogar die vorangegangene Regierung Isabels) wurden der Spekulation in allen Bereichen und sozialen Schichten Tür und Tor geöffnet. Es wurde nicht mehr investiert, sondern spekuliert. Das brachte zwar den Spekulanten kurzfristig gute Gewinne, führte aber langfristig zu Firmenzusammenbrüchen, zur Einstellung der Produktion oder anderen Einschränkungen. Und die Folge: Arbeitslosigkeit, kein Einkommen. Ausgesetzte Kinder. Denn immer und überall sind es die Kinder, die die Konsequenzen des Fehlverhaltens, der Unverantwortlichkeit, der Unmoral von uns Erwachsenen im Sinne des Wortes erleiden müssen.

Dritter Brief

Daniels Aufzeichnungen aus jenen letzten Monaten vor dem Putsch enthalten viel Privates, persönliche Auseinandersetzungen mit dem Tode P.s. Die werde ich Dir nicht übersetzen.

Doch einige Zettel gehören noch in die Zeit vor März 1976. Hier hilft mir auch die eigene Erinnerung bei der Übersetzung.

Sorge um Claudio, der Junge fehlt nun schon eine Woche. Ich schreibe mir das ab, um dieser Sorge Herr zu werden. Trotz aller vernünftigen Vorsätze, mich gefühlsmäßig den Weggeworfenen gegenüber nicht zu engagieren, schließlich habe ich im Grunde ja nichts mit denen zu tun, bei Claudio vergaß ich das wohl. Selbstentschuldigung: Nachwehen des Verlustes von R. Trotzdem, Claudio ist weg.

Gedächtnisstütze: 8 Jahre alt, zierlich (sieht aus wie ein 6jähriger), viel zu dünn und schmutzig. Kam mit José und Fabian. Auch als er gewaschen und sauber angezogen war, blieb er irgendwie viel zu klein und dünn für sein Alter. Ließ alles über sich ergehen, schwieg. Schwieg exakt 9 Tage lang. Sein Mißtrauen gegen die „Großen", aber auch die anderen Kinder, schien für ihn unüberwindlich. Beobachtete alles. Die wenigen Fragen, die wir überhaupt stellten, nach Namen, Familie etc., beantwortete er mit den Augen. Er schwieg. Bei der Untersuchung durch

Dr. E. (wenn wir den nicht hätten . . .) die üblichen Symptome von Unterernährung und, wahrscheinlich als Folge, Epilepsie u. a. Claudio schwieg. Hatte sich im Zentrum einen Winkel ausgesucht, in den er sich meistens verkroch. Nahm am Schulvorbereitungsunterricht zwar teil, d. h. hörte zu, sprach aber nicht. C. will helfen, wegen der meistens nachts erfolgten Anfälle muß er raus aus dem Zentrum. Behandlung angefangen, hoffentlich hilft sie. C. nimmt ihn zu sich nach Hause, hier begann er am 9. Tag zu sprechen. Auslösender Faktor: C.s Hund, war wohl „Liebe auf den ersten Blick". Bei Kind und Hund. In einer Ecke von C.s Küche sitzend, den Hund an der Seite (die Boxerhündin war fast größer als Claudio, dicker auf jeden Fall) erzählte er dem Tier seine Geschichte. Mich ignorierte er, auch C., der mich angerufen hatte. Konnte sich an die Mutter erinnern, wußte auch noch ziemlich genau, daß diese vor 3 Jahren plötzlich nicht mehr da war. Blieb daraufhin bei einer Nachbarin.

Da wir nun wußten, aus welcher Villa Miseria er kam, als er als ca. 5jähriger begann, allein zu leben, suchte ich diese „Nachbarin". Fand sie auch. War ungefähr Anfang 50, sah aus wie 70, betrunken, verdreckt. Konnte jedoch einiges zum Ursprung Claudios erzählen. Die Mutter war eine echte Indianerin aus dem Norden Argentiniens, hatte als Hausgehilfin oder Putzfrau gearbeitet, war mit einem „festen" Mann in der Villa aufgetaucht, hatte zwei weitere, kleinere Kinder. Zuerst war der Mann nicht mehr da, dann ging auch sie, Claudio zurücklassend. Die beiden kleineren Kinder nahm sie mit. Claudio hatte dann, wie erwähnt, fast ein Jahr lang bei der Nachbarin gelebt. Die war in der Villa als Cuntanera, als Wunderheilerin bekannt, ernährte sich aber wohl in erster Linie von der „Liebe". Wo die Mutter oder der wahrscheinliche Vater Claudios geblieben waren, wußten weder sie noch andere Villeros.

Aus der Erzählung, allein für den lauschenden Hund gesprochen, ging hervor, daß Claudio im Rancho der Nachbarin zu essen bekam, also in gewohnten Verhältnissen weiterlebte. Hatte aber auch — in einem Alter, in dem andere Kinder beginnen, die Schule zu besuchen — jede Einzelheit der Aktivitäten seiner versoffenen Beschützerin miterlebt, beobachtet. Was hier dem Hund ins Ohr geraunt wurde, war eine Erfahrung an perversesten sexuellen Praktiken, durch Alkohol gelöste Aggression, zu der wohl nur Menschen fähig sind, wenn sie die Hoffnung verlieren, sich selber aufgegeben haben. Hier sprach kein 8jähriges Kind. Was der Hund und wir zu hören bekamen, war der Bericht eines alten, müde gewordenen Mannes.

Aus der weiteren Erzählung ging hervor, daß ein Paar (wahrscheinlich) — Claudio sprach von „Onkel" und „Tante" — ihn übernommen hatte. Die betrieben, laut Bericht, ein Lokal an der südlichen Stadtgrenze. Wurde wohl in erster Linie von Lastkraftfahrern frequentiert (Wir fanden es nicht, gestern, auf der Suche nach Claudio.) Hier mußte er arbeiten, putzen, Geschirr spülen und an den Tischen betteln, nachts natürlich. Setzt sich eines Tages ab, um allein zu leben, da er von der Tante zu oft verprügelt wurde. Sein Revier wurde die Gegend des Bahnhofs Retiro, im Norden von Buenos Aires. Gelegenheitsarbeiten, betteln, Diebstähle waren seine Hauptbeschäftigungen. Und immer wieder die Flucht vor der Polizei. (Mit der muß er schlimmere Erfahrungen gemacht haben als alles, was er dem Hund bisher erzählt hatte, denn da deutete er nur an). Fabian hatte ihn schließlich überredet mitzukommen ins Zentrum. José, der Claudio wohl schon länger kannte, half nach. Begann von diesem Moment an, sich schrittweise wieder in ein Kind zurückzuverwandeln. Lernte in kürzester Zeit Lesen und Schreiben, wollte alles wissen.

An Claudios Unterbringung mußte gedacht werden. Die meisten der Weggeworfenen kamen damals ins Zentrum nur zum Essen oder wenn sie neue Kleidung brauchten, selten blieben sie auch zum Schlafen. Auch das Problem der Finanzierung der medizinischen Behandlung wurde gelöst. L. R. half von Rom aus, wie so oft. Die Epilepsie mußte unter Kontrolle gebracht werden.

Das Kind schloß sich total an mich an. Hier versagte ich, nahm nicht die nötige Distanz, ließ es geschehen. Es entwickelte sich ein Vater-Sohn-Verhältnis, das ganz einfach absurd war. Was hatte ich dem Kind an Sicherheiten zu bieten? Und überhaupt, war es nicht unmoralisch, soviel an Zuneigung an ein einziges zu vergeben, statt wie bisher, so knapp wie möglich an viele, die sich in ähnlicher, unmenschlicher Situation befanden wie Claudio? Aber . . .

C. predigte „Vernunft": der Junge braucht eine Familie, etc. Ich sah das alles ja ein, versprach Claudio aber, nach einem seiner seltener werdenden Anfälle, als er sich schreiend festklammerte und sein — „no me dejas nunca!" — „Lasse mich nie allein!" — auch den letzten Rest von Vernunft abhanden kommen ließ: mich immer um ihn kümmern, ihn lieb haben zu wollen, er solle nur ruhig sein . . .

Es fand sich eine Lösung, mit der auch Claudio einverstanden war. Die E.s, mit eigenen fünf Kindern, aber in guten ökonomischen Verhältnissen lebend, wollten ihn zu sich nehmen.

Im darauffolgenden Jahr, März 1976, sollte er eingeschult werden, wenn möglich, gleich in die 2. Klasse. Für die bis dahin fehlenden Monate nahmen die E.s eine Lehrerin, die beim Nachlernen und der Vorbereitung half.

Er machte gute Fortschritte. Auch in der Familie E. Beide Seiten freuten sich aneinander. Da er die Zeiten kannte, in denen ich im Zentrum war, kam er. Auch zu C. ging er fast täglich, seine Hundefreundin besuchen. Alles schien in bester Ordnung.

Die von Daniel festgehaltene Claudio-Epoche spielte sich im Frühling und zu Sommeranfang 1975/76 ab. (Bei uns ist im September Frühling, und während in Europa Schnee und Eis das Regime führen, ist bei uns in Südamerika Hochsommer.) Die sich zuspitzende politische Situation ließ einen „heißen" Sommer erwarten. Nominell „regierte" zwar Isabel, doch im Grund genommen ging es damals drunter und drüber. Vor allem die peronistischen Einheitsgewerkschaften übten ihre Macht aus. Selbst wenn Isabel Peron fähig gewesen wäre, die immer chaotischer werdende politische und wirtschaftliche Lage des Landes unter Kontrolle zu bringen, machten die mächtigen Gewerkschaftsbosse alle derartigen Versuche zunichte. Ein Generalstreik nach dem anderen legten das Land lahm, machten es praktisch unregierbar. Und die einzige Lösung, die Isabel anzubieten hatte, waren immer wieder neue Minister, an der Sache selber änderte sie nichts. Korruption und Terrorismus, denen die autoritätslose Regierung machtlos gegenüberstand, wurden für uns Selbstverständlichkeit, die wir auch als solche akzeptierten. Ebenso nahmen wir den Schwarzmarkt und den Versorgungsmangel als unabänderlich hin. Einige der wichtigen Grundnahrungsmittel, wie Zucker oder Öl, waren einfach nicht zu bekommen. Die wurden von einigen Ministern als Privatgeschäft nach Libyen exportiert.

Und im Hintergrund warteten die selbsternannten Schiedsrichter der Nation, die Uniformierten, auf ihre Stunde. Die rückte unaufhaltsam näher. Es fehlte nicht an warnenden Stimmen, nicht so sehr unter den damals aktiven Politikern aller Schattierungen, aber es gab mutige Journalisten — und Mut gehörte auch unter der Amtsperiode Isabels dazu, offen über die Zustände zu sprechen. Aber, ähnlich wie in den folgenden Terrorjahren, waren es viel zu wenige. Die meisten Journalisten paßten sich an, oder mußten es tun, da ihre Arbeitgeber, die diversen Medienbesitzer, das bereits getan hatten. Und auch führende Vertreter der Kirche warnten vor der immer näherrückenden Gefahr einer Diktatur.

Die Justiz war praktisch lahmgelegt. „Recht“ war, was von den peronistischen Aktivisten für gut befunden wurde. Zensiert wurde alles mögliche; auch diesen unwürdigen Aspekt übernahmen die Uniformierten später von der Regierung Isabels. Die Terroristenbanden waren zum offenen Angriff übergegangen, die Schreckensmeldungen überstürzten sich. Und in diese Zeit, Dezember 1975, gehören weitere Zettel aus Daniels Aufzeichnungen, die sich mit Claudio befassen.

Ein Sommer-Samstag wie jeder, den ich bisher erlebt habe. Zogen Bilanz, Dr. E., Pater F. und L. waren da, es war ruhig, nur 4 Kinder. Dr. E. hatte Sorgen, eine Sommer-Grippeepidemie war ausgebrochen. In der Villa waren es in erster Linie Kleinkinder, die befallen waren; hohes Fieber, Durchfall und keine Mittel, um alle ausreichend mit Medikamenten zu versorgen. Weihnachten stand vor der Tür, uns fehlte Geld, um all die Extras anschaffen zu können, die wir benötigten. Hofften noch auf Hilfe der Handvoll europäischer Freunde, die schon oft eingesprungen waren. (Ob denen bewußt war, wieviel Sorge und Not sie lindern halfen mit ihren persönlichen „Briefen mit Inhalt“?)

Claudio war da, wollte die Tage bis Weihnachten bei mir verbringen. Kompromiß mit E.s. Anfang Januar würde er mit der ganzen E.-Familie in Urlaub fahren, daher vorher noch einige Tage beim Vize-Papi, das war ich (mein Gott war, das bin ich!) Seinen Besitz, so nannte er die Dinge, die ihm persönlich gehörten, wie halt jedem normalen Kind Dinge gehören, hatte er in seinem neuen Campingbeutel dabei.

Dr. E. ging. F. ebenfalls, L. blieb, wartete auf den Sohn, der sie mit dem Auto abholen wollte. Da kamen sie. Waren plötzlich da. Rückblickend (gestern war's) war die Sprachlosigkeit größer als der Schrecken angesichts der brutalen Gewalt, mit der sie über uns herfielen. Es waren 7 oder 8, alles junge Männer, die wie Vandalen hausten. L. versuchte, mit den 4 Kindern ins Freie zu gelangen, schaffte es. Auf mich hatten sie es abgesehen, rissen mir Hemd und Hose vom Körper, und während mir Kopf und Oberkörper mit Tritten bearbeitet wurden, zogen sie mir die Schuhe aus. Selbst jetzt, wieder ruhig geworden, gelingt es nicht, Einzelheiten zu ordnen, ging alles zu schnell. Ich weiß aber nun, was sich hinter dem Wort GEWALT verbirgt. Schaue ich in den Spiegel, sehe ich sie sogar, die Gewalt.

L. las mich, nur mit Unterhose und Socken war ich bekleidet, auf. Brachte mich zu den E.s. Denn Claudio war verschwunden.

Was mir bewußt in Erinnerung blieb von diesem Sturm der Gewalt gestern, sind seine Schreie, noch jetzt höre ich sie.

Besprechungen bei E.s in der Nacht. Dr. E. kam auch, versorgte L. und mich. Die 4 Kinder waren weggelaufen. Die Frage, Polizei einschalten oder nicht, wurde mit Nein beantwortet, war im Moment zu riskant. Was vom Zentrum übrigblieb, kann man vergessen. Und die Villa-Nachbarn, bis auf zwei Frauen, waren alle wie vom Erdboden verschwunden. Angst oder Feigheit? No te metas . . . Und Claudio ist immer noch nicht wieder da.

Das Jahr 1975 neigte sich seinem Ende zu. Es war heiß, die meisten Argentinier bereiteten sich, wie in jedem Jahr, auf die Sommerferien vor, auf den Urlaub am Meer.

Silvester 1975 blieb mir in Erinnerung, weil an diesem Abend in Olivos, dem Vorort von Buenos Aires, in dem ich damals wohnte, der Strom abgeschaltet wurde. Das kam öfter vor in jener Zeit, war aber gerade an jenem Tag lästig, da die geplante Silvesterfeier nun bei Kerzenlicht stattfand — und das bei 35 Grad im Schatten. Um Mitternacht, als im Hafen von Olivos die dort vor Anker liegenden Schiffe ihre Sirenen ertönen ließen, stießen wir mit handwarmem Sekt auf das neue Jahr an. Froh waren wir alle, daß 1975 vorbei war, schlechter konnte 1976 nicht werden. Dachten wir . . .

Was war nicht alles geschehen in dem ausklingenden Jahr! Isabel Peron war „verhindert" gewesen: Einige Monate hatte sie Urlaub genommen, danach war sie krank. Während dieser Zeit hatte de facto die „Graue Eminenz" regiert, Wohlfahrtsminister Lopez Rega. Gegen diesen ehemaligen Privatsekretär Perons, der zum Minister und intimsten Berater Isabels aufgestiegen war, schien keiner anzukommen. Die Arbeiter waren es dann, die mittels eines Generalstreiks nicht nur seinen Rücktritt, sondern auch den Gang ins Exil erzwangen. Den Schaden, den er angerichtet hatte, ließ er uns zurück, als Erinnerung sozusagen. Er war der Gründer der rechtsextremistischen Terroristenbande *„Triple A"*, der „Argentinischen Antikommunistischen Allianz".

Dank der autoritätslosen Regierung, deren Korruption und Unfähigkeit immer sichtbarer wurden, ging es in Argentinien praktisch drunter und drüber. Die Linksterroristen, die *Montoneros,* erzwangen die Rück-Überführung der sterblichen Reste Evitas von Spanien nach Argentinien. Dort hätte Isabel sie wohl am liebsten gelassen, denn gegen den Schatten der großen Vorgängerin kam sie nicht an. Die Lebenshaltungskosten waren im Vergleich zu 1974 um 348,9 % gestiegen.

Alle waren mit uns einig: so kann es nicht weitergehen. Nur, wo anfangen mit dem „Ändern", das wußte wohl keiner — fast keiner; die Uniformierten, zumindest eine kleine Gruppe ganz oben, bildeten sich ein, es zu wissen. Der Putsch wurde praktisch schon ab September 1975 vorbereitet, als General Videla zum Heereschef ernannt wurde. Videla war eine der dunkelsten Gestalten des gesamten Militärregimes, der sich hinter der Maske eines guten, frommen Bürgers verbarg. Am 24. Dezember hatte er in seine Weihnachtsbotschaft an das Heer, das im legalen Kampf gegen die Terroristen eingesetzt war, auch frech ein Ultimatum an die verfassungsmäßige Regierung Isabel Peron eingebaut: er gab ihr neunzig Tage Zeit, die immer chaotischer werdende Situation wieder in den Griff zu bekommen.

Vierter Brief

Im Sommer 1976 (im Januar) machte ich eine Reise durch den argentinischen Norden, bis zum „Dach" des Landes in den Hochanden, der Provinz Jujuy. In zahlreichen der von ferne malerisch wirkenden Bergdörfer der Hochebene der Anden, der Puna, glaubte ich mich in ein weit zurückliegendes Jahrhundert versetzt. Ich besuchte M. Sie ist Leiterin der Schule in einem nur aus wenigen Häusern bestehenden Dorf. Die meisten der 128 Schüler, die von M. und zwei weiteren Lehrerinnen betreut werden, haben einen Schulweg von bis zu acht Kilometern und sind reinrassige Indiokinder, die irgendwo in dem endlosen, landschaftlich wunderschönen Gebiet der Andenberge und Täler leben.

Arm sind sie (die meisten Kinder kommen nur zur Schule, weil sie dort eine warme Mahlzeit bekommen, erzählt M.), von Zivilisation merkt man wenig. Die meisten wissen nicht, was eine Stadt ist, ein Flugzeug haben sie noch nie gesehen.

Nur eines der vielen Erlebnisse M.s mit ihren Schülern will ich erzählen. Die Schule, ein fester Bau aus Steinen, hatte jahrelang keinen Wasser- und Stromanschluß. Als dann in Selbsthilfe die Leitungen gelegt waren, rief M. ihre Schüler zusammen, um sie über Sinn und Funktion einer ganz gewöhnlichen Toilette aufzuklären. Die Schüler lauschten andächtig, doch als M. mit einem kräftigen Zug an der Kette die Wasserspülung in Bewegung setzte, stoben sie augenblicklich schreiend auseinander, nicht wissend, welcher Wassergeist da sein Unwesen trieb. Der Einsatz und vor allem die nicht zum herkömmlichen Schuldienst gehörenden Aufgaben, die von M. hier erfüllt werden, sind enorm.

Mitte Februar kam ich nach Buenos Aires zurück. Die Sommersaison ging zu Ende, und die politische Situation spitzte sich immer mehr zu. Immer lauter wurden die Stimmen, Isabel durch einen politischen Prozeß wegen schlechter Ausübung ihrer Funktion abzusetzen. Um das zu erreichen, müssen nach der Diskussion über die von den Antragstellern vorgebrachten Gründe zwei Drittel der Abgeordneten dem Antrag zustimmen.

Auch von einem Rücktritt Isabels wurde gesprochen, um die für 1977 anstehenden Wahlen vorziehen zu können.

Der Kongreß stimmte am 26. Februar 1976 mit absoluter Mehrheit gegen einen politischen Prozeß, und Isabel erklärte, sie werde nicht zurücktreten, sondern ihre Amtszeit erfüllen. Damit war klar, daß die einzige Alternative eine Militärregierung war, die auch fähig sein müßte, dem Chaos, der Gewalt der Subversion und vor allem der totalen Unsicherheit ein Ende zu setzen. Die meisten von uns erwarteten eigentlich nur noch eine solche Lösung.

Während der drei Jahre peronistischer Regierungen seit 1973 (Campora, Juan Domingo Peron, Isabel Peron) hatten die bewaffneten Terroristen 1803 Menschen umgebracht. Im selben Zeitraum fanden 445 Terroristen den Tod. Isabel hatte in den 21 Monaten ihrer Amtszeit insgesamt 38 Minister verbraucht (laut Verfassung besteht das Kabinett aus acht Ministern).

Nachdem vom Kongreß die Absetzung Frau Perons durch einen politischen Prozeß abgelehnt worden war, einigte man sich auf vorgezogene Wahlen, die im November 1976 stattfinden sollten. Isabel Peron kündigte an, daß sie ihr Mandat erfüllen, aber nicht noch einmal kandidieren wolle. Es fehlten also nur noch acht Monate, und die Möglichkeit, durch demokratische Wahlen die Lage zu ändern, dem Chaos einer unfähigen Regierung ein Ende zu setzen, war verfassungsmäßig abgesichert. Doch die Militärs, unterstützt von ihren zivilen Anhängern — und von denen gab und gibt es eine ganze Menge — wollten nicht warten. Der Ehrgeiz war stärker, einmal mehr zu beweisen, daß die „Elite" allein in der Lage ist, politische Probleme zu lösen. Und als Elite verstehen sie sich, die meisten Uniformierten. Sicher war auch der Gedanke da, sich Präsident nennen zu können, absolute Macht zu haben.

Die Stimmung im Lande war dem, was da unaufhaltsam auf uns zukam, nicht unbedingt negativ gesinnt. Zwar versuchten namhafte Politiker der Öffentlichkeit — und indirekt den Streitkräften — Lösungen vorzuschlagen, glaubhaft zu machen, daß verfassungsmäßig akzeptierbare Möglichkeiten existierten, den Demokratischen Rechtsstaat und seine republikanischen Institutionen unversehrt zu erhalten. Doch keiner hörte mehr zu.

Schon Tage vor dem Putsch, als die Gerüchtewelle die Realität verdrängte, räumten die meisten Abgeordneten ihre Büros im Kongreß. Sie gaben auf, und wir alle nahmen das zur Kenntnis, keiner protestierte; keiner sah die blutige Schrift an der Wand!

In den späten Abendstunden des 23. März 1976 wurden wir dann informiert, daß der „Nationale Reorganisationsprozeß" eingeleitet worden sei, der *Proceso de la reorganisación nacional.* Statt Isabel, die inhaftiert wurde, regierte uns nun eine *Junta Militar.* Der Kongreß wurde aufgelöst, politische Aktivität verboten, das Streikrecht suspendiert. Die Richter wurden ihres Amtes enthoben, und uns wurde mitgeteilt, die Streitkräfte hätten „die Kontrolle über die Republik übernommen, und wir alle sollten den tiefen Sinn dieser richtigen

Maßnahme erkennen, um in einer gemeinsamen Anstrengung, zum Wohle aller, mit der Hilfe Gottes, die volle Wiedererholung der Nation zu erreichen".

So fingen sie an, die Jahre des „Prozesses".

Es war ein unblutiger Putsch, darauf legte man, zumindest nach außen, Wert. Gewarnt durch die Reaktion der Weltöffentlichkeit auf die blutigen Tage in Chile, drei Jahre zuvor, wollte man es in Argentinien besser machen. Unterschiede gab es genug. Im Gegensatz zu Chile wurde in Argentinien ja eine korrupte, unfähige Regierung vertrieben, die das Land in nur drei Jahren an den Rand der politischen und wirtschaftlichen, vor allem aber der moralischen Auflösung getrieben hatte.

So gab es also in Buenos Aires in den ersten Tagen nach dem Putsch kein Fußballstadion mit tausenden Gefangenen wie damals in Chile. Der Sänger Victor Jara wurde damals gezwungen, eines seiner Lieder zu singen; anschließend hackte man ihm die Hände ab und erschoß ihn, im Nationalstadion von Santiago de Chile, von dem später ein deutscher Minister — Heck heißt er, glaube ich — vor der Presse erklärte: so schlimm sei das für die dort Inhaftierten doch nicht, bei dem schönen Wetter . . .

Die große Mehrheit der Argentinier atmete auf, auch wenn heute fast alle behaupten: „Ich nicht". Die Lage normalisierte sich schnell. Die Einschränkung der selbstverständlichen bürgerlichen Rechte spürte man ja nicht, wenn man nur satt wurde, nicht mehr Gefahr lief, den linken oder rechten Mörderbanden in die Hände zu fallen, die sich einen blutigen Krieg lieferten. So gut wie alle waren wir überzeugt, die Militärs würden auch diesem Terror und damit unserer Angst und Unsicherheit ein Ende bereiten. Alle hatten wir uns in jenen Tagen des März 1976 in Putschisten verwandelt. Ich schließe mich da nicht aus. Wir akzeptierten, daß eine Minderheit sich das Recht anmaßte, zu machen, was sie für richtig hielt, ohne auch nur zu fragen oder gar Rechenschaft abzulegen, aus dem einfachen Grund, weil sie sich auf das Monopol der Gewalt stützen konnte — sie besaß die Waffen.

Es war leicht — bisher —, in Argentinien einen Putsch zu machen. Die Mehrheit der Ober- und Mittelschicht war meistens dabei. Solange man selber nicht betroffen war, nahm man die Verhaftungen, Entführungen und Morde zwar zur Kenntnis, reagierte aber selten. Die ohnehin Vernachlässigten nahmen auch diesen Militärputsch als ein weiteres Übel hin; ändern würde sich für sie ohnehin nichts. Und zu ihnen rechnete sich Daniel C. Doch für ihn änderte sich einiges.

Die folgende, von ihm aufgezeichnete Episode fällt in die Zeit zwischen Ende Juli und Anfang August 1976. Ich erinnere mich, weil ich in jenen Tagen einen kurzen Winterurlaub an der Küste verbrachte, wo ich in endlosen Spaziergängen am menschenleeren Strand versuchte, einiges zu „bewältigen". Ich war also nicht in Buenos Aires, als der Sturm über Daniel C. hereinbrach.

Warum die nur immer nachts aktiv werden? Anonyme Anrufe nach Mitternacht, und nun auch der nächtliche Besuch.

Ich hatte wohl so fest geschlafen, daß ich nicht einmal hörte, wie sie die Wohnungstür aufbrachen. Wurde durch ein Gewirr von Schreien geweckt, von Schlägen, mit denen man mich aus dem Bett zerrte, in das Badezimmer trieb und dort an die Wand knallte. Einer blieb in der Tür stehen, einer setzte sich mir gegenüber auf die Klobrille. War wohl der Chef. Jetzt, rückblickend, zu beschreiben, ich meine: exakt festzuhalten, was alles passierte, was ich hörte, aufnahm, beobachtete, ist mir nicht möglich. Die E.s irren wohl mit ihrem: Schreib alles auf, ist besser als darüber nachzudenken; aber jetzt habe ich einmal angefangen . . .

Also, den stärksten Eindruck hinterließ wohl eine starke Übelkeit, die mich zu ersticken drohte, vom Schreck, den Schlägen, doch mir gelingt nicht, mich zu erinnern, was der Typ mit dem Gewehr auf dem Schoß fragte oder sagte, ich hörte nur den Lärm, das Klirren und Krachen in der Wohnung, was machten die nur? An die Waffe erinnere ich mich, weiß nicht, was für eine es war, kenne und will keine Waffen kennen, aber an die erinnere ich mich, während er auf mich einredete, was nur alles: „Selbst schuld", „machst es schwer, nett zu dir zu sein". Namen, die ich nie gehört habe; wollte wissen, wo diese Namen sind . . . Während der ganzen Zeit berührte er mich mit der Waffe, zog Kreise auf meinem Bauch, dann schlug mir der andere ins Gesicht, beide lachten und gingen . . .

Ich hatte den Begriff für Zeit verloren, weiß nicht mehr, wie lange ich im Bad blieb.

Meine Wohnung war kaputt. Selbst ein eingebauter Wandschrank lag umgekippt auf der Erde. In der Küche waren sie nicht gewesen, im Bad war auch noch alles intakt, Lampen und Vorhänge ebenfalls. Der Rest ein einziges Chaos. Die Wände im Schlafzimmer hatten Löcher. Was, um der Lieb zum Menschen willen, hatten die gesucht?

Ich erinnere mich nicht mehr meiner Reaktion, was ich dachte, der Zeit; mir war nur übel, schrecklich übel, war benebelt.

Der Nebel lichtete sich, als ich im Polizeibüro an der Reaktion der anwesenden Polizisten merkte, daß ich einen Fehler gemacht hatte, hierher zu gehen. Die wußten, wer ich war. Der meine Anzeige anhörte, blieb zwar höflich, wollte aber Beweise, Namen und so. Daß er alles wußte, merkte ich, als er nach der Zeit des Vorfalls fragte, die ich nicht wußte. Wie sollte ich mich erinnern an eine ganze Ewigkeit des Schreckens, die wohl nur 10 Minuten gedauert hatte. Er wußte sie. Man werde die Sache überprüfen, solange müsse ich dableiben. Erst als ich schon in einer Zelle saß, in der sich bereits zwei Personen befanden, fiel mir ein, daß ich keinen meiner Bekannten benachrichtigt hatte. Nicht daran gedacht. Was überhaupt hatte ich gedacht?

Einer der beiden in der Zelle wurde am Morgen geholt, wohl freigelassen, der andere blieb. War 22, bei einer Razzia in einer Disco hatte man ihn geholt, wegen Rauschgift. Machte sich Sorgen wegen der Familie, die nicht wußte, wo er war. Wußte selber nicht genau, wie lange er schon hier saß. Ihm ging es wie mir, ich hatte auch den Überblick über die Zeit verloren, wohl durch den Schock. Nur übel war mir, schrecklich übel. Das ist eigentlich die nachhaltigste Erinnerung an den ganzen Vorfall, der immerhin 6 Tage dauerte; jetzt, Tage danach, weiß ich das.

Die Polizisten, die ich zu sehen bekam – auch eine Frau, die das Essen besorgte; sie nahm sich Geld von dem, was man mir abgenommen hatte, mit meiner Uhr, Gürtel, Schuhen und allem, was ich in den Taschen hatte, ohne mir eine Quittung zu geben; mir fiel ein, daß man mich auch nicht registriert hatte; die Polizisten also waren freundlich.

Ich weiß nicht mehr, ob es in der zweiten oder dritten Nacht war, als „sie" wiederkamen.

Man holte mich aus der Zelle, um mich in einen anderen Raum zu bringen, der leer war, das sah ich noch, dann weiß ich nichts mehr. Die ersten Schläge spürte ich wohl noch. Hörte wohl: „Anzeigen auch noch!" — Beschimpfungen und so. Dann nur noch Nebel, wie lange, weiß ich nicht. Einen oder zwei Tage danach bat ich einen der Polizisten, die E.s zu benachrichtigen. „Kann nicht", sagte er, ließ mir aber seine Zigaretten, abends gab er mir Kaffee. Und dann sah ich plötzlich L. und ihren Mann, den pensionierten Oberst, in Uniform. Die also, dachte ich, hat denunziert. Schöne Freundin, dachte ich . . .

Die Tür ging auf, L. weinte, der Mann hatte meine Hose, meinen Pulli, meine Schuhe: Komm, zieh dich an; schnell . . . Sie holten mich, keiner sprach, als wir gingen, nahmen mich mit zu sich. Und L. weinte . . . Weg mit den dummen Gedanken, waren Freunde, beide. Er hatte seine alte Uniform hervorgekramt, das wirkte; so waren sie von Polizeirevier zu Polizeirevier gezogen.

Als ich damals aus Mar del Plata zurückkehrte, dem wunderschönen Urlaubsort am Atlantik, der mir im Winter besser gefällt als im Sommer, wenn „halb Argentinien" dort den Urlaub verbringt, war Daniel untergetaucht. Das heißt, er schlief nicht mehr in seiner Wohnung. Bekannte von Freunden, die nicht wußten, zumindest nicht genau, worum es ging (war besser so), hatten ihre zum Verkauf stehende Wohnung zur Verfügung gestellt. Obwohl sie das Geld wahrscheinlich brauchten, zögerten sie den Verkauf so lange hinaus, bis Daniel wieder in seine Wohnung zurückging, sechs Monate später, kurz bevor Anfang Dezember die langen Sommerferien begannen.

Er existierte also tagsüber, arbeitete und war auch im Ersatzzentrum, nur nachts wollte er nicht mehr existieren. Später erzählte er mir einmal, daß ihn damals die Angst überfiel, wenn der Tag mit seinem Licht, seinen Geräuschen ging. Es lag nicht an der Dunkelheit, sondern an der Stille, die doch keine vollkommene war.

In jenen Nächten, die er strickend oder malend verbrachte, schaffte er den Sprung über den eigenen Schatten, zu dem er mit Gewalt geprügelt, gezwungen worden war; von „denen", die offiziell nicht existierten, nicht greifbar waren; die im Dunkeln agierten und nichts anderes taten, als zu drohen, zu entführen, zu überfallen, zu foltern und zu morden. Diesen Sprung hatte er in jenen Nächten auch für sich nachvollzogen. Er überwand sich selber, überwand seine Angst, zumindest äußerlich. Er wurde zum radikalen Christen und somit auch angreifbarer, umstrittener. Die E.s hatten ihm ihren Hund „geliehen", damit Daniel nachts nicht so allein war. Der Hund blieb auch später bei ihm, die beiden wurden unzertrennlich.

Aus den Aufzeichnungen Daniels geht hervor, daß er in diesen Monaten auch über seine Freunde nachdachte, mit dem Hund darüber sprach und diese Gedanken auf seinen Zetteln festhielt. Ich fand jetzt bei der Durchsicht auch einen, der sich mit mir befaßt. Hier lese ich:

Der versucht, alles irgendwie zu verstehen, zu entschuldigen, will sich nicht festlegen lassen. Unverständlich die Freundschaft zu den Offizieren T. und L. Unverständlich die „Neutralität" im Radio. Auf der anderen Seite impulsiv bis zum „Selbstmord". Die impulsiven Reaktionen sind die besten, ehrlichsten, dann legt er sich fest, ob er will oder nicht. Pinky (der Hund) stimmt zu, darum bleibt er auch . . .

Die Liste meiner Defekte ist länger auf diesem Zettel. Zum Teil trifft das schon zu, auch heute noch. Mit Zustimmung des Hundes „blieb" ich. Einen Teil seiner Freunde und Bekannten gab er damals auf. Daniel C. war konsequent geworden und lebte seine Überzeugung, die Gewalt betreffend. Heute verstehe ich das, damals nicht ganz.

1976 war ein blutiges, schreckliches Jahr. Hatten wir geglaubt, die Streitkräfte würden uns vor den Angriffen der Terroristen befreien, so erwies sich das, zumindest im ersten Putschjahr, noch als Illusion. Laut offizieller Statistik wurden von den Terrorbanden *ERP* und *Montoneros* 297 Attentate verübt. Bei bewaffneten Auseinandersetzungen mit den Streitkräften fanden 342 Terroristen den Tod. Zur selben Zeit verschwanden Menschen, deren genaue Zahl noch nicht festliegt, aber heute, nach fast acht Jahren Terrorherrschaft, mit etwa dreißigtausend angegeben wird.

Doch zurück ins Jahr 1976. Am 24. April verbot die „Regierung" die Verbreitung jeglicher Nachrichten in Zusammenhang mit dem Terrorismus. Bislang waren solche Meldungen in den Zeitungen zumindest auf irgendeiner Innenseite unter „ferner liefen" gebracht worden. Lediglich die offizielle Version mußte auf der Titelseite stehen. Die Namen der beiden Terrororganisationen durften dabei nicht genannt werden. Gemeldet wurde auch, wenn wieder irgendwo Leichen gefunden wurden, in der Regel junge, entsetzlich junge Menschen, manche mit einer Bombe in die Luft gesprengt, wie am 20. August in der Ortschaft Fatima. Dreißig Menschen waren das, damals im August. Da reagierte sogar der „Innenminister"; lautstark verurteilte er den Vorfall; die Schuld gab er „irrationalen Gruppen". Damit zumindest hatte er recht. Diese irrationalen Gruppen waren die sogenannten Geheimdienste, die *Servicios*. Das Heer, die Marine, die Luftwaffe, die Polizei, fast jedes Ministerium, sogar die Stadtverwaltung von Buenos Aires hatte sie, diese „Dienste". Sie waren allein dazu da, uns durch Angst und Terror in Schach zu halten. Offiziell gab es sie nicht; gegen sie gab es aber auch keinen Schutz, kein Recht. Der „Regierung" waren diese unabhängig arbeitenden Mördergruppen längst aus der Hand geglitten. Teilweise lieferten sie sich auch untereinander Kämpfe; nur wenn es darum ging, uns zu unterdrücken, klappte die „Zusammenarbeit".

Das war die eine Seite des Jahres 1976. Die andere: eine scheinbare Beruhigung der Situation, erste Anzeichen einer Erholung der Wirtschaft und Pläne, für das Jahr 2000 natürlich, beschäftigten die Herrschenden. Uns versprach man eine liberale Regierungsform für irgendwann. Wir glaubten das irgendwie schon und übersahen dabei, daß dies nicht möglich ist, nie möglich sein kann, aufgebaut auf dem Fundament der „Nationalen Sicherheit", ohne Freiheit, ohne Recht.

Trotzdem, das tägliche Leben nahm seinen Lauf, geändert hatte sich nicht viel. Daniel C. gab seine Tätigkeit an der Schule auf. Dort waren Drohungen eingetroffen, ein Teil der Eltern hatte sich zwar auf seine Seite gestellt, doch die religiöse Schulleitung schwieg, wollte es sich wohl mit den Uniformierten nicht verderben. Auch für Priester und Nonnen war es gefährlich geworden, sich sozial zu engagieren, denn das galt in den Augen der Uniformierten als „Subversion", war gegen die „Nationale Sicherheit" gerichtet, war „Anti-Argentinisch". Arme, Not und ähnliches gab es nicht, hatte es nicht zu geben, weil die „Elite" es so wollte.

Im Juni 1976 wurden drei Palottiner-Priester und einige Seminaristen mitten in Buenos Aires umgebracht, nachts natürlich. Auch in anderen Teilen des Landes fand man ermordete Priester, oder vermißte sie (damals sprach man noch nicht von Verschollenen). So wurden etwa in der Diözese La Rioja zwei Priester erschossen aufgefunden. Nur Wochen später starb der von der „Macht" als Marxist beschimpfte Bischof Angelelli bei einem fingierten Autounfall. Er hatte sich zu dieser Zeit mit der Aufklärung der Ermordung der beiden Priester befaßt. Mit ihm war Daniel C. befreundet gewesen. Sein „Unfall" wurde nie aufgeklärt. Die Amtskirche schwieg. Es soll in jener Zeit ein Gespräch gegeben haben zwischen General Videla, dem damaligen Kopf der Uniformierten, und Kardinal Aramburu, dem damaligen und heutigen Kopf der Katholischen Kirche in Argentinien. In diesem Gespräch verlangte der Kardinal Sicherheitsgarantien als Gegenleistung für die „Toleranz" der offiziellen Kirche in Zusammenhang mit dem „Antisubversionskampf". Ich weiß nicht, ob das stimmt, doch Kardinal Aramburu wäre das durchaus zuzutrauen . . .

Sonst blieb es 1976 ruhig. Alles lief seinen normalen Gang, den Umständen entsprechend natürlich.

Fünfter Brief

1977 unternahm ich mit deutschen Freunden eine Reise in den riesigen, spärlich besiedelten Süden Argentiniens, nach Patagonien und Feuerland. Es ist, meiner Meinung nach, die schönste Region unseres Landes: Die horizontlosen Steppen Patagoniens, abgelöst von den fruchtbaren, scheinbar unberührten Tälern, die Anden auf der einen und der Atlantik auf der anderen Seite, faszinieren mich, verursachten einen „Tagtraum", der mich bis heute nicht verließ, trotz allem, was inzwischen passierte. Unvergessen blieb auch der nicht zu beschreibende Eindruck in Feuerland: An der Stelle zu stehen, wo die Erde praktisch in das antarktische Meer fällt. Irgendwann werde ich dort einmal ansässig werden, in Patagonien, irgendwann . . .

Obwohl ich selbst beim Rundfunk tätig war (bei der RAE, dem Argentinischen Auslandsfunk), erfuhr ich zum erstenmal von Verschollenen erst von unseren Hörern aus Europa. Ich weiß nicht mehr, ob es in einem der Hörerbriefe stand, ob L. R. mir davon schrieb, die sich um mich Sorgen machte. Sie half Daniel bei den Kindern; in einem ihrer Bücher schrieb sie davon. Mir hatte sie einmal geschrieben: „Dich habe ich in mein Herz genommen, und wer da einmal drin ist, behält seinen Platz", ohne Angabe von Gründen, brauchte es wohl auch nicht. Im März 1984 trafen wir uns endlich in Berlin, und dort, nachts auf der Straße, in

Begleitung mehrerer Personen, die spontane Umarmung ließ mich wissen, daß ich meinen Platz noch habe, das tröstet. Die hab ich lieb.

Auf jeden Fall begannen wir damals, Mitte 1977, über dieses Thema zu diskutieren. Anfangs waren wir der Meinung, das ist nicht möglich. Auch Geheimgefängnisse, Folterzentren in Argentinien, dem spärlich besiedelten, übersichtlichen Land: unmöglich! Die Frauen nahmen wir nicht für voll, die mit großen Schildern, auf denen Bilder und Namen standen, auf dem Maiplatz erschienen waren und auf diese Weise Auskunft über den Verbleib ihrer verschollenen Familienangehörigen forderten. Das war eine kleine Gruppe; einige trugen Familiennamen, die uns eigentlich noch mit Schrecken erfüllten, wenn wir sie hörten; hatten nicht Terroristen diese Namen getragen? Wie die argentinische Bischofskonferenz reagierten wir damals, 1977. Die Bischöfe hatten nämlich ein Dokument veröffentlicht, in dem zur Menschenrechtsfrage Stellung genommen wurde, das Thema war damals „Mode". Darin hieß es unter anderem: „Im Eifer, die Sicherheit zu erhalten, besteht die Möglichkeit, daß Übergriffe begangen wurden, willkürliche Verhaftungen, fehlende Information über den Verbleib der Inhaftierten . . ." So wird es sein, dachten wir.

Damals wäre es zwischen Daniel C. und mir fast zum Bruch gekommen. Er verstand meine Haltung den Militärs gegenüber nicht, verstand nicht, daß zu meinen Freunden auch der T. gehörte und noch gehört, obwohl er Offizier ist. Daniel machte keine Unterschiede mehr, ich fand das nicht richtig. Für mich war es ganz normal, daß ich zwar einerseits versuchte, ihm und anderen bei den Weggeworfenen zu helfen (ich machte damals auch einen Teil meiner Bekannten „an" — Daniel nannte es so —, daß sie hin und wieder etwas gaben; keiner entzog sich dem, auch der T. nicht), daß ich andererseits „lebte", wie es mir gefiel, Reisen machte, Spaß hatte, ins Kino ging, oft Gäste einlud, und das bedeutete nie weniger als zehn, warum auch nicht. Was gingen mich im Grunde genommen diese ganzen Scheußlichkeiten an, die im Zusammenhang mit den von den Uniformierten zum „schmutzigen Krieg" deklarierten Auseinandersetzungen zwischen Terroristen und Sicherheitskräften standen? Ich war schließlich kein Terrorist.

Auch im Radio war das damals eigentlich die lustigste Zeit. Ich hatte nette Kollegen, vor allem die Z.s, keine größeren Probleme, einen Chef, der mit seinen „Nebenbeschäftigungen" mehr beschäftigt war, als mit der Leitung des Senders. Bei uns gab es auch nicht das Problem der „Autozensur", zu dem unsere Kollegen durch Druck von oben gezwungen wurden, sofern sie nicht gekaufte „Anhänger" der Uniformierten waren (und wieviele waren das . . .) Die Programme, die live in verschiedenen Sprachen in alle Welt gesendet wurden, waren neutral. Ich war es auch.

Einige Zeit sah ich von Daniel nichts, hörte aber um so mehr von ihm. Er schien jede Zurückhaltung aufgegeben zu haben. Seine Einstellung zur Gewalt — und vor allem, was er von jenen hielt, die diese Gewalt gegen uns ausübten —, wurde einem immer größer werdenden Kreis bekannt:

Im August rief mich eine Ordensfrau an, die sich um weggeworfene kleine Mädchen kümmerte, von denen es zwar bei weitem nicht so viele gibt wie Jungen, aber es gibt sie. Die rief mich also an, bat um ein Treffen. Und die erzählte mir dann von der Verschollenen-Geschichte, von den Frauen, die als einziges Mittel den gewaltlosen Protest gewählt haben, um Auskunft über ihre spurlos verschwundenen Kinder zu erhalten. Sinn der Unterredung war die Bitte, mich an diesen Demonstrationen zu beteiligen. Man hatte ähnliche Kontakte zu Politikern, Priestern, Bischöfen, Journalisten und anderen Personen aufgenommen, war meistens auf viel Verständnis, aber doch auch auf Zurückhaltung gestoßen. Angst hat mit Feigheit nichts zu tun. Angst ist menschlich verständlich; ich muß mir das immer wieder vorsagen, immer wieder . . .

Zwar stand ich der Sache skeptisch gegenüber, aber wir gingen, nicht unbedingt um zu demonstrieren, wir hatten ja damit nichts zu tun; sehen wollten wir, was da passierte. I. ging mit, die Z.s und L. Ihrem Mann, dem pensionierten Oberst, hatte sie verschwiegen, was sie tat. Auf dem Maiplatz mehr Polizisten in Uniform und in Zivil als „Demonstranten". Wir waren von den verschiedensten Gefühlen hin und hergerissene „Zuschauer". I. war es, die bemerkte, daß nicht nur die „Demonstranten", sondern auch die „Zuschauer" fotografiert wurden. „Lächeln, die wollen ein Bild von uns!", sagte sie. Berittene Polizei zog einen immer enger werdenden Kreis, Personalausweise wurden kontrolliert, und man forderte uns zum Verlassen des Maiplatzes auf. Die eigentlichen „Demonstranten", also die „Maiplatzmütter", auch einige Männer, Väter sicher, waren dabei, wurden festgenommen. Als die Pferde kamen, wichen wir in die Kathedrale aus, die sich an einer Seite des Maiplatzes befindet. Diesem Umstand verdanken wir wohl unser Leben, denn die auf dem Platz verbliebenen 13 Personen, darunter auch die zwei Ordensfrauen, wurden von den angeblich nicht existierenden „Diensten" Tage später abgeholt. Sind verschwunden, bis heute.

Seit damals, im argentinischen Winter 1977, wußten wir, daß es „Verschwundene" gibt. Wir alle waren davon überzeugt, daß sie inhaftiert seien. Politische Gefangene hatte es ja bereits unter Isabel Perons demokratischer Regierung gegeben. Damals informierte man zwar die Angehörigen, jetzt eben nicht mehr; darin sahen wir eigentlich den einzigen Unterschied.

Ich war bestürzt, daran erinnere ich mich, tat aber nichts; nur aus den Gesprächen im Freundeskreis war dieses Thema nicht mehr auszuklammern. R. war es eigentlich, der als erster davon sprach, daß die Verschollenen alle umgebracht wurden. Wir konnten uns das nicht vorstellen. Konnten wir wirklich nicht? Gab es nicht Äußerungen Videlas, des „Präsidenten", der öffentlich erklärt hatte, in Argentinien würden soviele Menschen sterben, wie zur Erhaltung der Ordnung erforderlich sei. . . Gehört hatten wir das alle, aber darüber nachgedacht, oder die Möglichkeit in Betracht gezogen, daß er nicht nur rede, hatten wir nicht, ich zumindest nicht. . .

Im Dezember 1977, am 7. war's und vergessen kann ich sie nicht, — diese endlose Nacht mit den E.s.

Passiert war folgendes. Kurz vor Mitternacht waren 5 bewaffnete Zivilisten in das Haus eingedrungen. Zwangen die Familie, sich in einer Reihe im Eßzimmer an die Wand zu stellen, suchten sich dann den zwei Tage vorher 17 Jahre alt gewordenen Pablo aus, den ältesten der fünf Kinder. Befragten ihn, vor den Augen der Eltern und jüngeren Brüder, beschuldigten ihn, den Montoneros anzugehören, nahmen ihn mit. Der Vater begann noch in dieser Nacht die Suche nach seinem Sohn, die Großeltern holten die vier Brüder, und ich blieb mit I. bei der Mutter.

Bis heute blieb Pablo verschwunden. Bis heute blieb aber auch die Hoffnung, daß er lebt, obwohl die Vernunft keinen anderen Schluß zuläßt, als daß auch er ins Meer geschmissen wurde, wie so viele, oder daß er in irgendeinem der vielen Massengräber ohne Namen verscharrt wurde, wie so viele.

Die E.s gehörten ohne Zweifel der Oberschichte an, waren beide Ärzte. Sie praktizierte nicht mehr, wegen der großen Familie. Politisch konservativ, normale Menschen also, sahen als praktizierende Christen ihre Hilfe als selbstverständlich an (und wie sie halfen!). Und Pablo, der Sohn, ein Oberschüler, sicher politisch interessiert, unzufrieden mit den Zuständen, sah in einer solchen Gesellschaft einfach keine Zukunft für sich und seine Generation, war gegen das schlimme Regime der Uniformierten. Nur Gewalt hat er nicht ausgeübt.

Die E.s versuchten alles — mit Hilfe einiger Freunde, die geblieben waren. Die Mehrheit derer, die immer im gastlichen Hause E. ein und aus gegangen waren, zogen sich zurück. Man konnte nie wissen. Es war wohl der damalige Innenminister, einer der zynischsten und unerfreulichsten Gestalten des ganzen „Prozesses", der den Eltern E. zu verstehen gab, daß mit einem „Wiederauftauchen" des Sohnes nicht zu rechnen sei.

Die E.s gingen. Sie verließen im Dezember 1978 Argentinien und leben heute in der Nähe von São Paolo in Brasilien. Sie wollten nicht mehr mit uns zusammenleben. Der Kontakt blieb bestehen und besteht noch, und sie helfen auch noch, in erster Linie jenen, die ins Exil gehen mußten, um zu überleben. Und trotz aller von der Vernunft diktierten Hoffnungslosigkeit: Hoffnung haben sie auch noch, vielleicht durch Zufall oder so, könne er wiederkommen, der Pablo. Darauf warten sie. . .

Sechster Brief

Dann kam das Jahr 1978. Es brachte uns in der ersten Hälfte die Fußballweltmeisterschaften und in der zweiten Hälfte beinahe einen Krieg mit Chile. Sonst blieb alles, wie es war. Der damalige Staatssekretär für Finanzen, ein Mitglied der Militärregierung also, kritisierte mehrfach öffentlich die enorm hohen Kosten des „Mundial", wie die Weltmeisterschaften bei uns kurz genannt wurden. Die Folge: mehrere Attentate gegen ihn, die er zum Glück überlebte. Dies bewies aber, daß selbst die zivilen Mitarbeiter der Militärs (wieder bemühe ich mich um eine behutsame Formulierung) vor den „Diensten" nicht sicher waren, wenn sie Entscheidungen der „Herren" kritisierten. Und obwohl noch die demokratische Regierung Isabels die Fußballweltmeisterschaften, beziehungsweise deren Organisation, für Argentinien akzeptiert hatte, lag es jetzt in uniformierten Händen, diesem Sportereignis auch den richtigen Schliff zu geben.

Im Ausland begannen damals die ersten Berichte über Verschollene, Konzentrationslager und dergleichen zu zirkulieren. Einiges wußten ja auch wir, trotz der „freiwilligen" Selbstzensur der Presse, doch vieles, was damals auch bei uns durchkam, fanden wir übertrieben, empfanden wir als gegen uns alle gerichtet. Die Militärs konnten also sicher sein, daß die Spiele ohne größere interne Schwierigkeiten über die Bühne gehen würden. Ob sie sich politische Folgen — positive natürlich — für ihr Regime erwarteten, weiß ich nicht, zuzutrauen wäre es ihnen schon gewesen.

„Die Welt" war also bei uns zu Gast, alles klappte ausgezeichnet. Und wir, wir „stiegen aus", raus aus unserer Realität, der blutigen, von der wir alle wußten, daß es sie gab. Und alle wußten wir auch, daß jeder es wußte, und sich so gut wie keiner traute, darüber zu sprechen. Wir stiegen aus, feierten den Fußball, als ob es in unserem Land nichts Wichtigeres gäbe. Und, ehrlich gesagt, gut hat es mir zumindest getan, einfach einmal auszuflippen, und sei es auch nur für eine in den Straßen Buenos Aires durchgefeierte Nacht.

Nach der Arbeit — Rundfunk und Fernsehen, damals —, kam es zu Begegnungen mit ausländischen Kollegen, die zu den Spielen gekommen waren. Hier wurde zwar über Unterdrückung, Folter und dergleichen gesprochen, aber es überwog doch die Überraschung über das Verhalten der Argentinier. Unter einem solchen Regime leben zu müssen, und dann: Millionen von lachenden Menschen in den Straßen! Sie verstanden es zwar nicht ganz, meine ausländischen Kollegen, aber mitgefeiert haben sie. „Schade, daß man darüber nicht berichten kann", sagte einer. „Die erwarten was anderes von mir, zu Hause." Das war in diesem Fall nämlich Paris, und von Paris ausgehend, war eine Informationswelle gestartet worden, die sich mit dem Terror der Militärregierung befaßte.

Für uns, die wir damals, zumindest offiziell, wenig wußten, Anfang 1978, klang das alles nicht so recht glaubhaft.

Belastet wurde die Glaubhaftigkeit der Meldungen auch durch das Auftreten argentinischer Terroristen, denen es gelungen war, sich nach Europa abzusetzen.

Unverständlich war für uns etwa, daß zum Beispiel der heutige französische Präsident (damals war er es noch nicht) in seiner Eigenschaft als Stellvertretender Vorsitzender der Sozialistischen Internationale (deren Präsident ja immerhin ein Friedensnobelpreisträger ist) in einer Pressekonferenz mit den „Köpfen" der *Montoneros* zu sehen war. Mit denen also, die für Mord und Totschlag in unserem Lande verantwortlich waren und die Hauptursache gebildet hatten, daß es den Uniformierten so leicht gemacht wurde, zu putschen.

Beispiele dieser Art erweckten in uns damals das Gefühl, man werfe uns mit den Militärs in einen Topf, so als gäbe es keinen Unterschied zwischen Unterdrückern und Unterdrückten. Daß es ihn gab, war uns bewußt, zu jeder Zeit, auch in den wenigen Tagen, in denen uns der Fußball Gelegenheit zum Aussteigen aus unserer Realität gab; vergessen war diese deswegen nicht.

Ende Juli verschwand I., ein ehemaliger Jesuit, der seinen Glauben — oder das, was er darunter verstand — konsequent lebte. Er war aus seiner Welt „ausgestiegen" und eins geworden mit jenen, denen er helfen wollte. „Links" war er, gewalttätig war er nicht. Schon die *Montoneros* hatten ihm Probleme gemacht. Denen hatte er einiges an Nachwuchs vorenthalten, jene, die er von der Sinnlosigkeit der Gewalt noch rechtzeitig überzeugen konnte. Jetzt hatten ihn die Rechtsterroristen geholt.

Und dann, Anfang August, holte man auch Daniel C.

I., die damals bei ihm oder mit ihm war, wurde von einer Nachbarin informiert.

Die äußeren Zeichen wie immer: Ein Auto mit halb verdeckter Nummer vor der Tür, vier jüngere Männer in Zivil, mit Waffen. Laut Bericht der Nachbarin war Daniel mitgegangen und eingestiegen, „so, als ob er dazugehörte".

Wir zerbrachen uns den Kopf, überlegten, was zu tun sei. Die negative Erfahrung der Familie I.s bei der Suche nach ihm, die Tatsache, daß sich keine Stelle zuständig fühlte, aber auch die nervliche Überforderung I.s, ließ sie die Entscheidung treffen, vorläufig nichts zu unternehmen, zu warten. Daniel selbst schrieb dann, Tage später, auch über diese Episode. Ich versuche einmal mehr, sie zu übersetzen.

Es war kurz nach 21 Uhr, es klingelte. Wie immer öffnete ich die Tür, indem ich den elektrischen Öffner drückte, ohne zu fragen, wer da ist. Hörte die Schritte auf der Treppe, wunderte mich, daß sie nicht den Fahrstuhl nahmen, der ausnahmsweise funktionierte. Überlegte: wer von meinen Freunden ist so sportlich? Dann standen sie vor mir, einen erkannte ich wieder, der war schon einmal da. „Komm, laß uns rein!" sagte er. Während er sich grinsend in der wiederhergestellten Wohnung umsah, blieb der zweite an der Tür stehen. Der hatte eine Waffe im Arm. Ich glaube, ich fragte oder sagte nichts, war stehen geblieben bei dem mit der Waffe. Dann drehte sich der andere um, sprach mich an. Ruhig, in normalem Ton, ohne dem Geschrei wie damals, bei unserem Kennenlernen. Mitkommen müsse ich, es gäbe einiges zu klären: „Du willst es nicht anders haben." Ich erinnere mich nicht, was er noch redete; nicht, was ich dachte. Ich glaube, ich stand nur da, und übel wurde mir wieder, die Angst war das wohl. Wir gingen, d. h. erst er, dann ich, hinter mir der mit der Waffe.

Im Auto waren noch zwei. Noch während der Wagen anfuhr, bekam ich einen Klebestreifen über die Augen. Sie sprachen nicht mit mir. Die Fahrt dauerte eine Ewigkeit, es war die erste Ewigkeit, die ich überlebte in diesen zwei Tagen und zweieinhalb Nächten. Beim Aussteigen und Gehen hielt mich einer am Arm, lose, nur ganz lose, der sagte sogar an, wenn Stufen kamen, waren wenige. Ich hatte das Gefühl, durch einen langen Gang geführt zu werden. Zweimal kamen uns Schritte entgegen, dann blieb der, der mich führte, stehen. Erst jetzt wurde mir bewußt, daß schon seit einiger Zeit keine weiteren Schritte mehr waren. Ich stand, versuchte zu hören, dachte: jetzt geht's los, was werden sie dir wohl tun?

Weiß nicht, was noch für Gedanken da waren, die kamen und gingen. Angst hatte ich, darum war mir so übel. Dann näherte sich jemand, den Schritten nach waren es zwei. Sie stellten etwas auf den Boden, gleichzeitig zog man mir Pullover und Hemd aus, drückte mich auf einen Stuhl und band meine Hände an der Stuhlkante fest. Dann entfernten sich die Schritte, die beiden gingen wortlos, wie sie gekommen waren. Eine Tür ging zu, und nichts war, nichts als absolute Stille, nur meinen Atem hörte ich.

Ich kann mich trotz aller Anstrengung jetzt nicht mehr erinnern, was ich alles dachte, während ich wartete, daß sie endlich anfingen mit „ihrer Klärung einiger Dinge", denn wenn sie einmal angefangen haben, müssen sie auch wieder aufhören, nur anfangen sollten sie. Woran ich mich erinnere, ist die Angst, das Gefühl der Panik, als ich überlegte, was die diesmal wohl gegen mich hatten, als ich versuchte zu überlegen, was ich alles gemacht hatte, als ich mich plötzlich schuldig fühlte, nur daß mir nicht einfiel, wo meine Verfehlung lag, und als ich nur noch wollte, daß sie anfingen.

Dann gab es Geräusche, entfernt von mir, ich hörte Schritte, es gelang mir nicht festzustellen, wie viele, dann wieder Stille, oder doch nicht ganz, irgendwer schien zu weinen, ganz leise hörte ich es, und ein Flüstern und dann Geschrei, der Schreck darüber, Sprechen verboten, Schimpfworte, und dann wieder Stille.

Woran ich mich erinnere, ist, daß mir die Zeit verloren ging. Ewigkeiten waren das, die ich dort auf dem Stuhl festgebunden verbrachte, mit wirren Gedanken und dieser Angstübelkeit, die mich jetzt, wo ich das aufschreibe (Warum eigentlich? Die E.s sagten, das würde helfen, vielleicht haben sie recht, sind ja Ärzte, müßten es eigentlich wissen) mit der selben Wucht überfällt. Wußte nicht, daß Angst so scheußlich ist. Wußte auch nicht, daß Stille, absolute Stille solches Entsetzen ausstrahlt.

Mit meinen zugeklebten Augen gab es auch keinen Tag mehr, nur Dunkelheit in diesem Raum, keine Zeit mehr, nur noch Warten, daß die endlich anfingen; egal was sie alles mit mir machen würden, nur anfangen sollen sie. Nur anfangen.

Und dann erinnere ich mich plötzlich wieder an Lärm, Schritte, Türen, laute Stimmen, irgendwie von draußen, nicht aus dem Raum in dem ich war, lautes Weinen einer Frau, man löste mir meine Hände, ich glaube, es tat weh, und die Arme waren steif, weiß es aber nicht genau. Während man mich wegriß, anschrie, bin ich gestorben, aus Angst: jetzt geht's los! Alles wurde unwirklich, doch daran erinnere ich mich: ich bin gestorben. Unbewußt nahm ich auf, daß ich in einem Auto saß, das Weinen saß neben mir, dann hielt das Auto. „Haut ab!" Der Wagen entfernte sich. Ich löste irgendwie das Klebeband von den Augen, muß wehgetan haben, tut's heute noch, aber damals merkte ich nichts. Nacht war's und zu viert waren wir, 3 Männer, eine Frau, die weinte immer noch. Wir erschraken, als wir uns ansahen, und liefen weg, entsetzt voreinander wohl.

Ich weiß nicht mehr, wie lange ich lief, bevor ich wieder wußte, wo ich war, weiß nur noch, daß ich laut gesungen habe. Auch gefroren habe ich nicht, mit Hose nur und freiem Oberkörper, mitten im Winter. Ich wußte nur, daß ich gestorben war an der Angst, den wirren Gedanken in dieser Ewigkeit, die nicht sehr kontrollierbar waren, und an der Stille, dieser entsetzlichen Stille war ich gestorben.

Und dann bescherte uns die zweite Hälfte des Jahres 1978 beinahe noch einen Krieg. Und zwar mit unseren Nachbarn jenseits der Anden, den Chilenen.

Es ging um den genauen Grenzverlauf in der Beagle-Kanalzone in Feuerland, im äußersten Süden Amerikas. Hier gibt es schon seit mehr als hundert Jahren Unklarheiten.

Die Vorgeschichte: 1971 war wieder einmal eine neue Verhandlungsperiode. Der damalige chilenische Präsident, Dr. Salvador Allende, und der Chef einer argentinischen Militärregierung, General Alexandro Lanusse, hatten, nachdem die Verhandlungen wieder im Sande verlaufen waren, in einem Abkommen beschlossen, die britische Krone zum Schiedsrichter in dieser Grenzunstimmigkeit anzurufen. Bereits 1902 war zwischen beiden Ländern beschlossen worden, in solchen Fällen den „König von England" entscheiden zu lassen. Warum ausgerechnet die britische Krone ein Grenzproblem im Süden Amerikas lösen sollte, entzieht sich meiner Kenntnis. Die Sache selber ist so komplex und schwierig, daß selbst Experten sie nicht mehr so richtig verstehen.

In groben Zügen geht es um den genauen Verlauf des Beaglekanals, die Zugehörigkeit der ihn zu beiden Seiten umgebenden kleinen Inseln. In einem Grenzvertrag von 1881 hatte man sich auf die sogenannte Biozeanität geeinigt, das heißt: Argentinien liegt am Atlantik, Chile am Pazifik. Chile, dem auch der großzügigste Bewunderer einen gewissen Hang zum Expansionismus nicht absprechen kann, stellte dieses Abkommen bei jeder passenden und unpassenden Gelegenheit in Abrede, während Argentinien dann seinerseits seine Souveränität verteidigte, verbal natürlich.

Diesmal lag die Sache anders.

Die britische Krone hatte entschieden, und zwar zugunsten Chiles. Die argentinischen Vorstellungen, aber auch alle bestehenden, also rechtskräftigen Verträge wurden dabei nicht in Betracht gezogen. Die Folge: Chiles blutiger Herrscher Pinochet nahm den Schiedsspruch sofort an, Argentiniens nicht weniger blutige Herren (die drei von der *Junta Militar)* lehnten ihn ab. Die Öffentlichkeit wurde nur sehr dürftig informiert über die wahren Hintergründe der hin und her gehenden Verhandlungen, der spektakulären Treffen der beiden Diktatoren Videla und Pinochet, der Truppenbewegungen und so weiter. Mittels Werbung in Rundfunk, Fernsehen und der Presse versuchte man uns psychologisch auf den geplanten Waffengang vorzubereiten, doch dabei blieb es. Erst in den letzten Wochen des Jahres merkten wir, daß die Lage sich zugespitzt hatte, ja daß ein Krieg vor der Tür stand.

Zum Glück für uns und unsere chilenischen Nachbarn schaltete sich Papst Johannes Paul II. ein.

Vom apostolischen Nuntius Pio Laghi alarmiert, entsandte der Papst den inzwischen verstorbenen Kardinal Samore, der die Vermittlung zwischen beiden Ländern aufnahm. Damit war die Kriegsgefahr gebannt, und verhandelt wird noch immer.

Die beiden Ereignisse, Fußball und Krieg, hatten uns ziemlich in Atem gehalten. Doch verdrängt hatten sie die Realität nicht, in der zu leben wir gezwungen waren. Die Inflation stieg, die Preise stiegen auch, die Löhne und Gehälter nicht. Die Not, bisher eigentlich immer nur eine Randerscheinung in der argentinischen Gesellschaft, faßte Fuß, begann sich breit zu machen.

Es gab immer mehr vagabundierende Kinder und immer weniger Hilfe. Daniel hatte, zumindest äußerlich, sein Erlebnis mit der Macht relativ gut überlebt, wenn er auch seit jenen Tagen instinktiv große geschlossene Räume mit vielen Menschen mied. Selbst in die Kirche ging er nicht mehr, konnte sich nicht in Zimmern mit geschlossener Tür aufhalten und fürchtete die Stille, vor allem die Einsamkeit der Nacht. Er war, wie wir, vollauf beschäftigt mit der Betreuung der Kinder, die damals ins Zentrum kamen.

Das größte Problem blieb die Beschaffung von Nahrungsmitteln. Abgesehen von der Hilfe, die von nicht direkt beteiligten Freunden und Bekannten kam, waren es damals lediglich fünf Personen, die mit einem Teil ihrer Gehälter den Unterhalt für eine ständig steigende Zahl von ausgesetzten Kindern bestritt.

Das Problem mit den Kindern habe ich einleitend erklärt (habe es zumindest versucht), doch wie so etwas in der Realität aussieht, kann ich auch heute noch nicht so recht in Worte fassen. Kurz, in erster Linie ging es darum, den Kindern etwas zu essen zu geben, und zwar jedem, das kam, es irgendwie einzukleiden, unterzubringen, andere zu finden, die helfen wollten. Und auf der Suche nach denen „rettete" sich keiner. Die P. zum Beispiel, die damals mit mir arbeitete, unterrichtete zur selben Zeit einige Deutsche, die in einem deutschen Unternehmen beschäftigt waren. Und P. überwand sich, (erzählte sie später) und „motivierte" ihre Schüler nicht nur zum Erlernen des Castellano, sondern auch zur Hilfe. Einige ihrer Schüler lernte ich kennen und weiß heute, daß viel Motivation bei denen nicht erforderlich war, die *wollten* helfen.

Denke jetzt nicht, das Ganze sei von uns, die wir durch Daniel C. direkt in diese Sache verwickelt waren, nur eine trübe Zeit gewesen. Wir hatten auch viel Spaß, vor allem an den Kindern, wenn die „harte Schale", die ihnen ganz automatisch während des erzwungenen Erwachsenenlebens gewachsen war, abfiel und sie wieder zu Kindern wurden.

Eine Änderung gab es allerdings in meiner Einstellung zum argentinischen Auslandsfunk.

Wann genau das anfing, weiß ich nicht mehr. Wahrscheinlich nach den Fußballweltmeisterschaften und der in diesem Zusammenhang gestarteten Informations-(und teilweise auch Desinformations)-kampagne im Ausland.

Immer mehr Hörerbriefe kamen mit Fragen zu den Berichten über Menschenrechtsverletzungen in Argentinien.

Für mich persönlich, aber auch für einige meiner Kollegen von den anderen Fremdsprachenredaktionen, war dies ein ziemliches Problem. Was tun? Die Programme, die zu dieser Zeit in sieben verschiedenen Sprachen von Buenos Aires aus via Kurzwelle in alle Welt gesendet wurden, enthielten eigentlich wenig Politik. Sie hatten rein informativen Charakter: Tourismus, Kultur, Tagesnachrichten. Meldungen über Unterdrückung, Folter, Verschollene waren nicht enthalten, die gab es ja in den Inlandsmedien, für uns Argentinier also, auch nicht. Ich beschloß, neutral zu bleiben, das heißt zu schweigen. Ich begann damals, so gut wie jeden Hörerbrief persönlich zu beantworten, da schwieg ich allerdings nicht. Aber ein Unbehagen blieb, auch später, als der „Sturm" auch mich erreicht hatte (Gehörte ich doch zu den Freunden eines Anti-Argentiniers, der nicht nur gegen die Uniformierten war und das auch ganz offen aussprach, sondern zu allem Überfluß auch noch zukünftige Terroristen ernährte.) So weit war es damals noch nicht, es fehlte noch einiges, und so schwieg ich, blieb neutral. . .

Siebenter Brief

Das Jahr 1979 brachte in erster Linie den Wirtschafts- und Finanzspekulanten unter uns „vorteilhafte Zeiten". Der Grund lag in einer enormen Überbewertung des inflationsgeplagten argentinischen Peso, die zur Folge hatte, daß der US-Dollar weit unter seinem Wert zu haben war. Nach ihm richteten sich jedoch die Preise für praktisch alles. Und das einzig wirklich Billige war in jener Zeit der Dollar. Sicher kannst Du Dir vorstellen, daß es in einem Land mit Rekordinflation nicht möglich ist, sinnvoll zu sparen. So wurde das Geld entweder für alle nur denkbaren Konsumgüter ausgegeben, oder man kaufte Dollar und andere Devisen. Für die meisten von uns war die Spekulation am Devisen- oder Grundstückmarkt zur Hauptbeschäftigung geworden. Die andere Seite der Medaille war ein enormer Anstieg der Lebenshaltungskosten. Denn die Gehälter, vor allem jene der Arbeiter, wurden natürlich nicht am Dollar ausgerichtet. Offiziell stiegen die Preise für Grundnahrungsmittel um 37 Prozent, und es nahm die Situation für jene, die nicht in der Lage waren, zu spekulieren, teilweise dramatische Formen an. Ein Durchschnittsgehalt mit dem in relativ normalen Zeiten eine aus vier Personen bestehende Familie leben konnte, reichte jetzt nicht mehr aus, um auch nur die notwendigsten Kosten zu decken. Argentinien war teuer geworden in jenem Jahr 1979.

Doch daß die um sich greifende Not wie immer die ohnehin schon benachteiligten „Schwarzen" besonders hart traf, interessierte die ohnehin „Mächtigen" nicht. Auch das, wie immer.

Die Realität war, zusammengefaßt, folgende: Die Differenz zwischen dem, was man sich leisten wollte und konnte, wurde durch eine Anheizung der Inflation gedeckt. Für den Moment gelang die Selbsttäuschung, doch der Preis dieses leichtfertigen Handelns war und ist hoch. Firmen mußten damals ihre Tore schließen, weil sie keinen Markt mehr hatten (importieren war billiger); der Export wurde schwierig, die schon gegen Schwierigkeiten aller Art kämpfende Wirtschaft verschuldete sich hemmungslos. Leicht gemacht wurde es den Militärs und ihren zivilen Helfern. Westliche Banken und Finanzeinheiten, die enorm hohe Einlagen hatten, seit die arabischen Erdöldollars sich bei ihnen häuften, trugen den Uniformierten die Kredite praktisch ins Haus. Beide Seiten machten dabei dicke Geschäfte. Die Korruption wurde zu einer Selbstverständlichkeit, wurde hoch-kultiviert, war neben der Unterdrückung, der Gewalt und dem „Verschwindenlassen" das vierte Element, durch das sich die Uniformierten in einem bisher nicht dagewesenem Ausmaß „auszeichneten". Wir machten es ihnen noch dazu leicht; wir wußten, aber schwiegen — zumindest fast alle. Die Luft, die wir damals atmeten, war: Angst. Moralische Werte waren eingenebelt, zugedeckt durch alles, was uns an Information von „Oben" an den Kopf geknallt wurde. Wir verloren den Sinn für Wahrheit, für Realität, es gab praktisch keine Vergleichsmöglichkeiten, irgendwie wurden wir alle zu kleinen Faschisten, ohne daß uns das bewußt war.

Hätte es damals Wahlen gegeben, bin ich fast sicher, daß General Videla mit großer Mehrheit gewonnen hätte. Es war eine kurze Zeit der Exaltation, von der die Masse hingerissen wurde.

Es dauerte nicht lange, und diese Seifenblase platzte. Die Realität hatte uns eingeholt, war nicht länger zu verdrängen.

Im Juli oder August 1979 hatte die Zeitung „Clarin" den Mut, einen Artikel über die Zensur und den Schaden zu veröffentlichen, den diese in unserer kulturellen Aktivität anrichtete. Verfasserin war die große argentinische Poetin Maria Elena Walsh. Nur wenige nahmen diesen Artikel damals zur Kenntnis, später sollte man die menschlich so schönen Lieder für Erwachsene singen, die sie schrieb. Doch damals, Mitte 1979, war sie für viele nur die Frau, die mit ihren Geschichten und Kinderliedern den argentinischen Kindergarten revolutioniert hatte. Und als „Kindergarten" bezeichnete sie damals unser Land: in einen solchen verwandelt durch die Zensur von Oben, die sie als „Dieb an unserem Recht an Träumen" bezeichnete, die uns zu unmündigen Kindern machte, zu Kindergartenbewohnern eben. Maria Elena Walsh wies darauf hin, daß zwar die Mehrheit der Argentinier reagieren würde, indem rund sechzig Prozent ihre Fernsehapparate abschalteten, doch wer abschalte und schweige, trage nichts zur Änderung bei; und wer schweige, sei tot, an Angst gestorben. „Wir armen Kinder", schrieb sie weiter, „bei welcher Justiz können wir bitten, daß sie unsere unsichtbar bleibenden Faschisten demaskiert, ihre schwarzen Listen auflöst? Daß sie jene bloßstellt, die nicht nur von Oben,sondern auch von Unten und aus der Mitte kommen, Opportunisten, die aus Ignoranz päpstlicher sein wollen als der Papst."

In jener Zeit einen solchen Artikel zu veröffentlichen, war ungeheuer mutig. Es kostete enorme Selbstüberwindung, sich dem ganzen absurden Militarismus entgegenzustellen, der für sich das Recht in Anspruch nahm, in jedem Bereich unseres Lebens allein über alles zu entscheiden, was sein sollte — ohne uns zu fragen oder diese Möglichkeit auch nur in Betracht zu ziehen. Wir waren ja Kindergartenkinder!

Und dieser Artikel war es, der dazu führte, daß ich meine „Neutralität" bei der Zusammenstellung der Programme im Auslandsfunk schrittweise aufgab. In der damals üblichen Hörerpostsendung, benutzte ich

Teile des Artikels von Maria Elena Walsh und beantwortete so die immer häufiger gestellte Frage, warum ich trotz allem, was man so über Argentinien hörte, immer noch bei diesem Sender tätig sei, mit dem Hinweis, mein weiteres Verbleiben bedeute auf keinen Fall, daß ich mit dem Gebilde konform ging, das sich in Argentinien zur Zeit „Regierung" nenne. Es war bei dieser Gelegenheit, daß ich ohne Umschweife von Daniel C. und den weggeworfenen Kindern erzählte. M. L., die damals als Sprecherin mit mir arbeitete und die ich zuvor nicht informiert hatte, hielt den Atem an und wurde verständlicherweise nervös. So nervös, daß es zu dem lustigsten „Versprecher" kam, an den ich mich erinnern kann: In ihrer Aufregung verwechselte sie ein Wort — in einer Meldung über das Grußtelegramm, das der Papst an die damals tagende argentinische Bischofskonferenz gerichtet hatte. In dem Telegramm wünschte der Papst für die Gespräche einen „fruchtbaren Erfolg". M. L. verwandelte das in einen „furchtbaren Erfolg" und furchtbar war das Ergebnis, nämlich das Schlußdokument, in der Tat: Mit keinem Wort wurde das Problem der Verschollenen erwähnt, nicht auch nur andeutend das schreckliche Verhalten der Uniformierten.

Zwei Tage später fing man mich nachmittags gegen fünf Uhr mitten auf der Straße ab. Die Studios des Auslandsfunks befanden sich zu jener Zeit noch im Gebäude der Zentralpost, wenige Schritte vom Regierungsgebäude entfernt. Ich war im Begriff, die wenigen Stufen zum Eingang hinaufzugehen, als sich mir ein jüngerer Mann in den Weg stellte, während ein anderer von hinten zog. Das ganze ging ziemlich schnell, und bevor ich begriff, was da passierte, saß ich schon im Fond eines Autos auf dem Boden.

Es war nur eine kurzfristige Spazierfahrt, während der ich ernsthaft ermahnt wurde, meine „subversive" Haltung doch noch einmal zu überdenken, bevor es zu spät sei. „Subversiv" war, nach dem Rechtsverständnis der Uniformierten, jeder, der gegen sie war, beziehungsweise gegen alles, was sie als „Recht und Ordnung" bestimmt hatten — eine der vielen Worterfindungen der Regierenden, mit denen sie uns dummen, unmündigen Regierten die Überquerung der Straße auf ihren Bürgersteig erleichtern wollten. Denn nach Auffassung der Militärs saßen „die draußen" auf der falschen Straßenseite. (Es war und ist in argentinischen Militärkreisen üblich von „uns" zu sprechen, das sind die Uniformierten, und von „denen draußen", das sind wir Bürger.) Und von dem „Bürgersteig gegenüber" hatte auch Maria Elena Walsh geschrieben. Auf sich bezogen, hieß es da: *„Sie ist keine Revolutionärin und zu müde fürs Exil. So sitzt sie auf der anderen Seite, und ihr einziger Trost sind die Narren, die mit ihr sind. Und dank der geistigen Verhütungsmittel, mit denen wir von Oben bombardiert werden, unmündig geworden, sich als zurückgeblieben fühlend. Und so weinen wir, denken dürfen wir nicht, und unsere Tränen formen sich zu einem großen Fluß, der das Meer von Angst und Blut füllt; das einzige was wir erreichten, hier in unserem so bestraften Land".*

In dieses, unser so bestraftes Land, kam dann in der zweiten Hälfte des Jahres 1979 die „Interamerikanische Menschenrechtskommission". Sie wollte die Situation in Argentinien kontrollieren. Innerhalb der uniformierten Spitze und bei deren zivilen Mitläufern gab es energische Proteste gegen diese „Einmischung" in die inneren Angelegenheiten Argentiniens. Von einem Tage zum anderen hingen plötzlich in vielen Geschäften in der Innenstadt von Buenos Aires Plakate: ARGENTINOS SOMOS DERECHOS Y HUMANOS — „Wir Argentinier sind recht und menschlich" — ein absurdes Wortspiel. Auch Aufkleber dieser Art tauchten auf und wurden von der Polizei verteilt.

Und der Fußball sollte wieder einmal herhalten. Denn gerade zu dem Zeitpunkt, als die Kommission Anzeigen der Bevölkerung wegen Menschenrechtsverletzungen seitens der Militärregierung nachging, wurde unsere Jugendnationalmannschaft in Japan Fußballweltmeister.

Und was sonst nur der peronistischen Einheitsgewerkschaft gelang, nämlich Massen „freiwillig Demonstrierender" zu mobilisieren, gelang diesmal auch den Militärs, wahrscheinlich in indirekter Zusammenarbeit mit den Syndikaten. Tausende jubelnde fußballbegeisterte Arbeiter zogen durch die Straßen, viele Fabriken blieben an diesem Tag so gut wie leer. Und — natürlich rein zufällig — führte die Jubelroute auch am Sitz der „Organisation Amerikanischer Staaten" in Buenos Aires vorbei, an dem sich die Menschenrechtskommission installiert hatte. Hier begegneten einander zwei Welten. Denn hier hatten sich auch mehrere Tausend Personen versammelt, meist ältere Frauen, die schweigend am Straßenrand standen und durch die mutige Haltung auf den Schrecken des „Verschwindenlassens" aufmerksam machten. Viele Argentinier begriffen erst an diesem Tag, daß es sich bei den Müttern vom Maiplatz nicht um eine Handvoll verrückter Lügnerinnen handelte, sondern um eine tragische Realität, die uns alle anging.

Im Hause der Großeltern E. kam es damals auch zu einem Gespräch zwischen Daniel C. und zwei Mitgliedern der Menschenrechtskommission, dem venezolanischem Politiker Andres Aguilar und Bertrand Galindo aus El Salvador. In dem Schlußdokument, das Aguilar General Videla in dessen Eigenschaft als Staatspräsident überreichte, wurde festgehalten, daß die in den vorliegenden Anzeigen erwähnten „*Geheimgefängnisse, in denen gefoltert werde, wirklich existieren. Wir sind davon überzeugt, daß die Sicherheitskräfte für eine große Zahl von Verschollenen verantwortlich sind. Außerdem sind wir besorgt wegen der großen Zahl von namenlosen Gräbern auf einigen Friedhöfen in der Umgebung von Buenos Aires.*"

Das war alles. Eine ernstzunehmende Reaktion innerhalb der Bevölkerung gab es nicht. Doch die „Sicherheitskräfte" wurden zurückhaltender, die Menschenrechtssituation besserte sich, zumindest, was neue Entführungen betraf. Sonst blieb alles wie gehabt.

Ich hatte damals, auf Vermittlung von M. L., die sich um mich sorgte, ein Gespräch mit dem Konsul der Bundesrepublik Deutschland in Buenos Aires. Er war sehr nett, sehr interessiert. „Auch den Herrn Botschafter interessiert das enorm!" sagte er. Doch helfen konnte er nicht. Das sei diplomatisch unmöglich, zu viel stehe da auf dem Spiel. Ich solle doch in meinem Herzen (wörtlich) den Gedanken erwägen, Argentinien für einige Zeit zu verlassen, und in eines der EG-Länder gehen, bis sich „die Sache hier wieder beruhige". Dann empfahl er mir noch, wie ich mich verhalten solle, falls man wieder versuchte, mich in ein Auto zu zerren oder nachts aus meinem Hause zu holen. Dann solle ich denen sagen, sie müßten warten, bis der Konsul da sei, den ich schnell telefonisch verständigen wolle. Angeschaut hat er mich nicht, der Herr Konsul, als er mir diese Ratschläge gab, zu einer Zeit, als er wissen mußte, daß zu den zahlreichen Verschollenen bereits 49 Deutschstämmige gehörten. Getan wurde nichts für sie. „Zu viel stand auf dem Spiel", und das waren in erster Linie wirtschaftliche Interessen, es ging nämlich um den Zuschlag für den Bau des dritten Atomkraftwerks in Argentinien. Der war wichtiger als alle Menschenrechte, als demokratisches Verhalten. Die Deutschen bekamen den Bauauftrag, wie viele andere auch, für politisches Wohlverhalten gegenüber unseren uniformierten Herren.

Kein Gewaltregime könnte sich auch nur für kurze Zeit halten, würde es nicht von der „Westlichen Welt" durch enge wirtschaftliche Verbindungen gestützt — und die sind gerade mit Diktatoren besonders intensiv. Da werden mit Massenmördern dicke Geschäfte gemacht, man protestiert zwar vor der heimischen Presse, heuchelt Entsetzen, verteidigt wortgewaltig die Menschenrechte (das macht sich gut), aber nie in einem Ausmaß, das die ausgezeichneten Wirtschaftsbeziehungen darunter leiden ließe. „Erhaltung der Arbeitsplätze" ist ein Schlagwort, das vieles erlaubt.

Achter Brief

In jene Zeit, Ende 1979, gehört auch das Drama der Familie L. Die L.s sind eine gut etablierte konservative Familie, deren Welt heil und gesund war, bis zu jenem Tag — im Juli 1976, glaube ich —, als die zweiundzwanzigjährige Tochter plötzlich „verschwand". Sie war eine aktive *Montonera* gewesen, also eine Terroristin. Die Eltern hatten das nicht gewußt, und nun, Ende 1979, war es der ältere der beiden Söhne, der ebenfalls keinen anderen Ausweg mehr sah als die Gewalt. Er hatte ziemlich lange Daniel C. geholfen, war Christ, und als solcher konnte man ja nicht zusehen bei dem Kinderdrama.

Daniel und ich haben damals den Kampf der Eltern um diesen Sohn miterlebt. Es waren viele und stürmische Gespräche, in denen es darum ging, ihn zu überzeugen, daß Gewalt das letzte Mittel ist, das hilft, bestehende Mißstände im sozial-politischen Bereich zu beheben.

Den Ausgang dieser Gespräche erlebte Daniel C., wie ich einem seiner Zettel entnehme, so:

Eines Tages kam er zu mir. Aufgelöst, verwirrt, mit beiden Füssen in der Luft hängend. Passiert war folgendes. Die politisch motivierte Gruppe (seine Worte) hatte beschlossen, Schluß zu machen mit den endlosen Diskussionen, die alles verändernde Revolution betreffend,

Schluß zu machen auch mit den kleinen Schritten der praktizierten Nächstenliebe, des Helfens also, dort, wo es nötig war. Mit Gewalt wollten sie vorgehen gegen die, die „schuld" waren, daß alles so war, wie es eben war, und die mit ihrer Macht verhinderten, daß sich etwas änderte. Für ihn gerade rechtzeitig, hatte er bei den Diskussionen, die den Übergang von der revolutionären Theorie zur kriminellen Gewalt herbeiführen sollten, erkannt, daß die angestrebten Methoden schlimmer waren, als jene, die von denen angewandt wurden, gegen die man vorgehen wollte. Auch die Erkenntnis, daß sich diese Gewalt ja nicht gegen Institutionen, sondern gegen MENSCHEN richtet, hatte ihn regelrecht überfallen, wie er mir in seinem aufgelösten Zustand erklärte.

Man fand eine schnelle Lösung: der Junge wurde zu Verwandten nach Deutschland geschickt. In München studierte er und blieb auch nach Studienabschluß dort. Briefe kamen in sporadischen Abständen, von der Mutter hörte ich hin und wieder, daß es ihm gut ginge, der Vater wollte über diesen Sohn nicht mehr reden.

Kürzlich besuchte ich den Jungen in München, nicht nur, weil die Mutter mich gebeten hatte, ihn zu fragen, ob er nicht heimkommen wolle, jetzt. Er führte mir seine heile Welt vor. Gut ging es ihm offensichtlich. Er war bei einer Autofirma beschäftigt, in einem Bereich, der ihm „lag", wie er sagte.

Stolz zeigte er mir die Wohnung im ehemaligen Olympiadorf, für zwei eingerichtet; die Freundin sei lieb, doch heiraten sei „Bindung", das wollen beide nicht, sie gehe hin und wieder einmal fort, einfach so. Tausend Dinge waren es, die er sich angeschafft hatte. „Brauchen tue ich ihn nicht, den ganzen Kram", sagte er. Auch ein Boot habe er mittlerweile, mit dem rase er auf dem Starnberger See herum, wenn ihn der ganze Frust deprimiere, die Unzufriedenheit, weil er „halt doch nicht wisse, wo der Sinn sei, bei allem, was er so mache."

Das war es nicht, was du wolltest, dachte ich. Dafür bist du nicht gewalttätig geworden.

Am Abend, auf dem Bahnhof, als wir auf meinen Zug warteten, packte er mich plötzlich am Arm und sagte:

„Es ist alles noch da. Und manchmal packt sie mich so, die Realität, daß ich am liebsten zu Fuß nach Hause käme." Begeistert war er von den Plänen, dem Projekt, mit dem wir mit den Kindern weitermachen wollten. — „Sag's, wenn ich kommen soll, ich mache mit."

Und ich weiß nicht, ob ich das Recht habe, da etwas zu sagen. Ich kann eigentlich nur hoffen, daß. . .

„Du Narr, Tagträumer!" ketzert mich meine argentinische Freundin S. an, die mitliest, was ich Dir hier schreibe. „Der kommt nicht. Klar ist noch alles da von seinem Wunsch, zu helfen, den Sinn zu erkennen, und so. Der Junge geht schon den richtigen Weg, aber er bleibt auch immer wieder stehen. Der ist etabliert, weitaus bürgerlich-abgesicherter als ihm lieb ist. Zu viele Hintertüren hat sich der offen gelassen — mit seinem Boot, seiner Musik, selbst der Freundin. Das alles hat er doch nur, um sich selbst zu täuschen, wenn die Realität, sein schlechtes Gewissen, ihn plagen. Der kommt nicht. Und du, du Narr, hoffst, als ob es das noch gäbe, Hoffnung. . ."

Ich lasse sie reden, jetzt mag ich nicht diskutieren. Sie muß mir noch helfen, beim schlimmsten Teil meiner Antwort auf Deine Frage.

Neunter Brief

1980 war ein „Wahljahr" in Argentinien.

General Videla mußte in den Ruhestand, es gab ja mehr Generäle, die auch einmal gern „Präsident" sein wollten. Gewählt wurde à la Militär. Das heißt: nicht die rund 17 Millionen wahlberechtigten Argentinier (von etwas mehr als 27 Millionen im Lande und ca. 2,5 Millionen in aller Welt) wählten, sondern stellvertretend die drei Juntamitglieder, die Ranghöchsten der Uniformierten. Die mußten einen neuen Präsidenten ernennen. Wir wurden natürlich nicht gefragt, ob uns das auch recht sei.

Es dauerte einige Zeit, bis sie sich geeinigt hatten; es gab Unstimmigkeiten zwischen den drei Waffengattungen, Heer, Marine und Luftwaffe. Die amtierenden aktiven Offiziere und vor allem die schon im Ruhestand lebenden — die aber hinter den Kulissen kräftig mitintrigierten —, akzeptierten dann den ehemaligen Heereschef General Viola.

Die große Mehrheit von uns verfolgte das alles ziemlich desinteressiert, fast apathisch. Natürlich gab es das „sichtbare" Argentinien, jene, die immer und überall applaudierten, und die den Uniformierten die Illusion vorgaukelten, die „große Mehrheit" sei auf ihrer Seite.

Dem war nicht so.

Was uns damals intensiver interessierte, war der Zusammenbruch einiger der wichtigsten Finanzeinheiten des Landes, die Folgen der hemmungslosen Spekulation wurden sichtbar. Betroffen waren viele, die entweder über Devisenrücklagen verfügten oder aber ihr Geld zinsträchtig angelegt hatten. Das war zum Teil verloren, zum Teil von der Zentralbank garantiert. Diese Garantie aber zahlten wir alle. Denn da keine Rücklagen da waren, wurde Geld gedruckt, die Inflation in die Höhe getrieben. Die Lebenshaltungskosten stiegen um weitere 256 Prozent.

Die Not wurde immer sichtbarer.

Waren es bisher nur die Bewohner der Elendsviertel gewesen, über deren Hilflosigkeit und Elend man hinwegsehen konnte, kamen jetzt die Arbeitslosen hinzu. Arbeitslosenunterstützung gibt es keine in Argentinien, und die Sozialhilfe, die in Notfällen gezahlt wird, reicht nicht einmal für die Miete aus.

Die Politiker begannen sich zu der immer schwieriger werdenden Situation zu äußern; zaghaft noch, aber immerhin. Und die „Regierung" gab sich ganz demokratisch: Man erfand den „Politischen Dialog", *el dialogo politico.* Namhafte Politiker und Persönlichkeiten des öffentlichen Lebens wurden vom damaligen Innenminister zu Gesprächen eingeladen. Natürlich klammerte man dabei Themen wie die Rückkehr zur verfassungsmäßigen Rechtsstaatlichkeit, die Menschenrechte oder gar Wahlen aus.

Über die Zukunft sollte man sich äußern. Augenauswischerei war es, was sich da abspielte. Während immer mehr Menschen nicht wußten, wie sie überleben sollten, während die Zahl der vagabundierenden Kinder immer größer wurde, während die Korruption immer schlimmere Ausmaße annahm, redeten die über Projekte, wie Argentinien im Jahre Zweitausend aussehen sollte. Wie es im Jahr 1980 aussah, interessierte wenig.

General Videla hatte nach der Ernennung seines Nachfolgers noch sechs Monate im Amt zu verbleiben. So sahen es die Zusatzakte zur Verfassung vor, die sich die Generäle zur Legitimierung ihrer Herrschaft gegeben hatten. Er vertrieb sich seine Zeit mit einem offiziellen Staatsbesuch in der Volksrepublik China. In den letzten Monaten des vorangegangenen Jahres hatte er bereits den Kaiser der Japaner beehrt. Damals mit großem Begleitkomitee. Und das kaufte in Japan gleich so tüchtig ein, daß die Maschine Schwierigkeiten beim Start hatte; fast wäre sie nicht hochgekommen. Vorsichtshalber landete sie dann auf dem Flughafen des Luftwaffenstützpunktes El Palomar bei Buenos Aires und nicht auf dem zivilen Flugplatz, denn dort wartete der Zoll und, vor allem, dort gab es zu viele Zuschauer.

Und Adolfo Perez Esquivel bekam den Friedens-Nobelpreis. Diese Nachricht schlug im schmutzigen Nest der Uniformierten wie eine Bombe ein. Die breite Öffentlichkeit erfuhr damals zum erstenmal etwas von Perez Esquivel und der von ihm geleiteten „Organisation für Frieden und Gerechtigkeit in Lateinamerika". Offizielle Kommentare gab es nicht. Die „Regierung" war empört, sah das ganze als eine politische Entscheidung an, als eine „Einmischung in die inneren Angelegenheiten des Landes". Und obwohl man wissen mußte, daß das eine Lüge war (schließlich hatte man Esquivel ja vierzehn Monate in Haft gehalten, mit allem was dazugehört, Verhöre, Prügel . . .), begann eine Verleumdungskampagne gegen ihn: er sei Kommunist. Wie gehabt. Da er nicht „dafür" war, mußte er ja ein *Subversivo* sein.

Nach Monaten der relativen Ruhe erinnerte man sich auch wieder einmal Daniels. Der hatte schon seit zwei Jahren in dem Bemühen, Hilfe zu bekommen — Lebensmittel, Kinderkleidung, Medikamente — etwas geboten, nämlich unter anderem auch gesungen. Fromme, besinnliche Weihnachtslieder und dergleichen. Diesmal hatte ihm K., ein sehr talentierter Musiker, die frommen Lieder verrockt! Die Folge:

Die Polizei kam, räumte die Kirche, in der das „Konzert" stattfand, aus, beschlagnahmte die eingegangenen Sachspenden. Alle wurden mitgenommen, zur Überprüfung der Personalien. Ich und zwei der mit mir musizierenden Rockmusiker wurden schlimm verprügelt von einer Gruppe Zivilisten, die den uniformierten Polizisten „zur Hand" gingen und ohne Zweifel zu den nicht existierenden Gruppen gehörten, den Geistermördern also. Wir wurden verwarnt, wir sollten doch endlich Ruhe geben. Arme gäbe es ja nicht, weggeworfene Kinder schon überhaupt nicht. — Das Argentinienbild der Militärs und ihrer Helfer.

Nach dem Motto: Nur nicht nachgeben! fand auch das für den folgenden Tag geplante Konzert statt. Diesmal war es E., eine stimmbegabte Sängerin, die spontan erklärt hatte, sie mache mit, jetzt erst recht. Ihre Anwesenheit verhinderte wohl eine Wiederholung der Episode des Vortages — man wagte es nicht, offen gegen Populäre vorzugehen —, doch zwei Tage später, am Dienstagabend in der Osterwoche, holte man Daniel C. ab.

Bemerkt hat das von uns eigentlich zunächst keiner. Es war wiederholt vorgekommen, daß Daniel kurze Reisen innerhalb Argentiniens machte. Auch in Brasilien war er einmal gewesen, wie mir die E.s erst kürzlich erzählten. Meistens erfuhren wir das erst hinterher.

Und aufgefallen war auch den sonst so super-aufmerksamen Nachbarn nichts, denen in der Regel so gut wie nichts entging. Daß Daniel diesmal nicht eine kurzfristige „Untertauchreise" unternommen hatte, erfuhr ich erst am Ostersamstag, als eine mir bis dahin unbekannte Frau M. mich anrief und dringend um ein Treffen bat; es gehe um Daniel C.

Ich setzte mich mit I. in Verbindung, die fand das auch komisch. Man muß das bitte verstehen: es waren keine normalen Zeiten bei uns, und das Mißtrauen war ein wichtiger Faktor im Verhalten der Menschen zueinander geworden; man konnte ja nie wissen. . .

In diesem Falle war das Mißtrauen der lieben, mutigen M. gegenüber unbegründet. Wir trafen einander also, I. war dabei. Frau M. teilte uns mit, sie habe Daniel C. bei sich zu Hause, in einem schlimmen Zustand; und ihr Mann, ein bekannter Jurist, sei nicht da. Sie wisse nicht, was sie tun solle, darum habe sie mich angerufen, Daniel habe das auch gewollt. Aus ihrer Erzählung ging hervor, daß sie Daniel C. gegen halb vier Uhr morgens an der Nationalstraße gefunden habe, die Buenos Aires mit dem Atlantik-Badeort Mar del Plata verbindet. Von dort sei sie gekommen, mit ihren beiden Kindern. Sie habe gehalten, ihn mitgenommen — und wisse jetzt nicht mehr weiter. Er brauche auch dringend einen Arzt.

Frau M. nahm I. und mich dann mit in ihr Haus. Daniel C. sah schrecklich aus. Verletzung sah man keine; lediglich eine Gesichtshälfte war angeschwollen, die Haut war stark gerötet. Mehr sah man nicht.

Und dann weinte er. Noch nie habe ich das in diesem Ausmaß erlebt; es war der ganze Jammer, das Entsetzen eines Menschen über das, was nur Menschen anderen Menschen antun können.

Er sprach oder erzählte nichts, wir fragten nicht, auch nicht, als er wieder gesund war, wieder da war.

Aufgeschrieben hat er alles.

Panik war's, in die ich geriet, als ich sie hörte. Fast lautlos hatten sie meine Wohnung betreten, ich dachte noch, die haben einen Schlüssel, dann standen sie auch schon an meinem Bett und prügelten auf mich ein, wortlos und verbissen, ich weiß nicht, ob ich schrie und sie mir da erst einen Lappen in den Mund steckten, oder ob das sofort geschah. Dann zerrten sie mich aus dem Bett, ich erinnere mich, daß ich mich in meiner Wolldecke verfing und fiel. Und daß ich dachte: das geht doch nicht, daß sie mich so, wie ich im Bett liege, nackt, mitnehmen auf die Straße. Und dann war ich auch schon draußen; im Laufschritt hatten sie mich die

Treppe hinunter befördert, saß oder lag im Auto, hinten, einer setzte sich auf mich und bearbeitete mich die ganze Zeit mit seinen Füssen.

Irgendwann, ich weiß nicht, wie lange wir fuhren, hörte der, der auf mir saß, auf, mich zu treten, dafür zog er meinen Kopf an den Haaren hoch und stülpte mir eine Kapuze über. Kein Wort hatten die gesprochen. Ich versuche jetzt mich zu erinnern, was ich dachte, aber es gelingt nicht, totales Chaos. Dann hielt das Auto, an den Füßen zerrte man mich raus, ließ mich auf den Boden fallen, Tritte bekam ich, überallhin, auch an den Kopf, ich dachte: Jetzt haben sie dir die rechte Hälfte vom Kopf kaputtgemacht. Dann waren da neue Schritte, Stimmen, die Tritte hörten auf, Autotüren knallten zu, das Auto fuhr weg; ich glaube, ich weinte vor Erleichterung, weiß es nicht mehr. Dann wurde ich hochgezogen, langsam, und weggeführt, langsam, und einer sprach zu mir, ich weiß nicht mehr, was, aber es war beruhigend oder so ähnlich.

Dann war ich in einem Zimmer, es war dunkel, die Kapuze nahm man mir ab und zog mir den Lappen aus dem Mund. Ich setzte mich auf eine Matratze oder so etwas; die war naß, alles war naß hier, auch der Boden; als ich mich dort hinlegen wollte, merkte ich das; auch, daß ich meine Beine nicht ausstrecken konnte, das Zimmer war zu klein. Und dunkel, total dunkel. Draußen hörte ich Stimmen, Schritte, sonst war es nur dunkel.

Ich versuche wirklich mich zu erinnern, was ich dachte, fühlte, in dieser zeitlos gewordenen Zeit in diesem dunklen Zimmer. Mir fällt nichts ein. Angst hatte ich sicher, ganz sicher, und übel war mir auch wieder, ist mir heute noch (sind die Nerven sagte Dr. R.). Nur wissen will ich, was meine Gedanken waren, und das fällt mir nicht ein.

Dann ging plötzlich die Tür auf, ich wurde von einem hellen Licht angestrahlt, einer Stablampe wahrscheinlich, denn das Licht bewegte sich, gestikulierte, als der Mann sprach, der es hielt. Worum es ging, kapierte ich nicht. Dann knallte die Tür zu, das Licht war weg, und ich war wieder im Dunkeln. Total dunkel war es. Mein Kopf, die eine Hälfte, tat entsetzlich weh, auch meine Arme; Durst hatte ich, Licht wollte und Angst hatte ich, und sicher habe ich auch gedacht, nur jetzt erinnere ich mich nicht.

Dann ging wieder die Tür auf, weiß nicht nach wieviel Zeit, einer Stunde, einem Jahr, ich weiß nur: es war dunkel, nur dunkel. Und es war wieder die Lampe da, das Licht, wie schön, wie gut Licht ist!

„Steh auf und dreh dich rum!" sagte der, der das Licht hielt. Ich bat um Wasser, er reagierte nicht, ein anderer lachte. „Gewiß", sagte er, „kommt sofort, aus dem Plaza"). Der mit dem Licht gab mir eine Unterhose und Socken. „Zieh das an, mach schon!" Der Stimme nach mußte das ein gutmütiger, normaler Mensch sein — und jung, was tat er hier in dieser Dunkelheit?*

Ich zog die Strümpfe an und die Unterhose, sie hing durch bis zu den Knien, aber trocken war sie. Dann zog er mir die Kapuze über und faßte mich am Arm. „Sei ganz ruhig!" sagte er. „Ist schon alles vorbei. Sei nur ruhig, hörst du?"

Dann stellte er mich an eine Wand und sagte, ich solle stehenbleiben und warten. Ich hielt ihn am Arm fest. „Ist ja schon gut!" sagte er. „Warte nur, ich hole dich gleich." Ich weiß nicht, wie lange dieses GLEICH dauerte, andere holten mich, und nichts war gut.

Von der Wand weg wurde ich in einen Raum geführt, durfte mich auf einen Stuhl setzen, die Kapuze nahm man mir ab. Der Raum war dunkel, nur ich saß im Licht, wie auf einer Bühne, dachte ich, wenn man vom Publikum nur die Schatten sieht. Meines bestand, soweit ich das erkennen konnte, nur aus zwei Personen. Einer saß an einem Tisch mir gegenüber, ich sah seine Hände und Unterarme, die lagen im Licht und hielten Blätter in der Hand. Der zweite stand hinter ihm, ihn erkannte ich nur als sich bewegenden Schatten und an seiner Zigarette, er rauchte

**) Das „Plaza" ist eines der teuersten Hotels in Buenos Aires.*

ohne Pause. Es mußten doch auch noch andere Personen dagewesen sein, aber die sah ich nicht, die hörte ich nur, hinter meinem Rücken.

Der, dessen Hände im Licht lagen, sprach mich an, gern sei er auch nicht hier, ich solle also vernünftig sein, und „mitarbeiten", dann sei die „Sache" schnell erledigt. Bei der „Sache" handelte es sich in erster Linie um Namen. Er wollte wissen, seit wann und wie gut ich den oder die kannte; und die meisten Namen, die er nannte, kannte ich auch nur aus den Zeitungen, vom Hören. Als ich das sagte, hob der andere die Hand mit der Zigarette, und im selben Augenblick erhielt ich einen Schlag auf den Kopf. Ich fiel auf den Boden, und wieder waren es Schläge und Tritte ohne Zahl. Ich erinnere mich: es tat nicht weh, oder ich empfand den Schmerz nicht, der Schlag auf den Kopf hatte mich ausgeschaltet — ich meine: Empfindungen wie Schmerz oder Angst oder Panik ausgeschaltet —, diese Gefühle waren weg von diesem Moment an, nur die Übelkeit blieb bis heute.

Irgendwann hörten sie auf, setzten mich wieder auf den Stuhl, und der Mann begann wieder zu fragen. Auch der — an den Händen, die im Licht lagen, hatte ich es schon erkannt, aber auch an der gleichmäßigen Stimme —, auch der mußte jung sein, bestimmt nicht älter als ich. Was tat einer wie er mit diesen Händen und dieser Stimme hier im Schatten jenseits vom Licht?

Ich weiß nicht, wann ich anfing, nicht mehr hinzuhören auf diese Stimme, bringe auch sicher durcheinander, ob sie mich dann noch einmal schlugen, oder erst beim zweiten „Verhör". Dann brachten sie mich wieder weg, zwei zogen mich, und dann war ich wieder in einem Zimmer, wieder war es dunkel, aber da waren Stimmen: „Leg dich! Sei ganz ruhig! Leg dich!" Hände, die mich hielten, Menschen. . . Und dann derselbe Raum, dieselbe Situation, ich saß im Licht, andere saßen dahinter; ich sah es zuerst an den Händen, hörte es dann an den Stimmen, und da war wieder der Schatten und die Zigarette.

Wieder Fragen, nach Vorfällen, die bekannt waren, mit denen ich absolut nichts zu tun hatte, und das wußten sie. Ich und Gewalt, das war's ja wohl, was die an mir so nervte; selbst mit ihrer Gewalt hatten sie mich nicht soweit gebracht.

Was sollte ich denen schon sagen, ich begann, in einer Sprache, die sie nicht verstanden (dachte ich, doch einer verstand mich) einen Psalm zu sprechen, nur so vor mich hin; festhalten wollte ich mich an dem poetischen Gleichmaß dieser herben Verse; ich mochte diese, nicht weil ich „fromm" bin oder weil ich beten wollte, in jenem Moment; das weiß ich noch genau, das wollte ich nicht. Die hörten mir nicht zu, sprachen untereinander. Macht was ihr wollt, dachte ich, bis ich zu der Stelle kam, an der es heißt:

Ich bin wie die Eule in der Einöde,
wie das Käuzchen in den Trümmern.
Ich wache und klage wie ein einsamer Vogel auf dem Dache.
Täglich schmähen mich meine Feinde,
und die mich verspotten,
fluchen mit meinem Namen.

Schrie einer plötzlich: „Dieses Schwein bezeichnet uns als Feinde. Na, warte, dir Vogel schlagen wir den Kopf schon noch ab!"

Wieder hob sich die Zigarette, und wieder ging es los mit den klatschenden Schlägen; doch bevor ich unterging, sah ich sein Gesicht. Er, der mit der Zigarette, der Schatten, beugte sich vor, um seine Zigarette auszudrücken, und während man mich vom Stuhl zerrte, sah ich sein Gesicht, sah seine Augen, und er wußte das, denn er schaute mich an.

Es war die Hölle, in der ich war. Schreie, Schläge und Tritte, und dann nichts mehr. Einer, der mich abtastete, und dann lag ich wieder im Dunkeln. Später, als der Nebel sich langsam verzog und Schmerzen

Platz machte, die eigentlich schon keine mehr waren, so stark tat mir mein Körper weh, innen und außen, merkte ich wieder, daß es da noch andere gab, Menschen. Flüsternd erzählten wir uns, was uns passierte und wir nicht verstanden. Da wußte ich dann, daß es wirklich „klatschende" Schläge waren, weil die nasse Lappen um ihre Schlagstöcke wickelten, um äußere Verletzungen zu vermeiden. („Ist ein gutes Zeichen", sagte eine der Stimmen in der Dunkelheit, „dann bringen sie dich nicht um.") Daß der, der mich abgetastet hat, wohl der Arzt war, der immer dabei ist, wenn „verhört" wird, und der an der Verfärbung der Haut medizinisch einwandfrei feststelle, wann eine Pause gemacht werden muß. Und daß es junge Burschen seien, die hier die Dreckarbeit machen, keine Offiziere, sondern welche von den „Diensten". Nur, wo wir genau waren, wußten auch die beiden Stimmen nicht, hier in dieser schrecklichen Dunkelheit; und erst jetzt fällt mir ein: nicht einmal nach unseren Namen haben wir einander gefragt. Nur Sicherheit haben wir uns gegeben, festgehalten haben wir uns aneinander in diesem Schrecken, diesem Sturm des nicht mehr Faßbaren, nicht mehr Irdischen.

Woher will ich die Worte nehmen, jetzt, danach, um zu beschreiben, was das war in dieser Situation? Woher soll ich sie nehmen, da sie nicht existieren, es keine Beschreibung gibt, nie geben darf, um der Liebe zum Menschen willen nie geben darf. . .

Doch das dachte ich nicht in jener Dunkelheit, da ließ ich mich ganz einfach weinen, festhalten, während ich selbst festhielt. „Weg sind wir von der Welt, weg sind wir", sagte eine der beiden Stimmen, die mit mir waren, mit denen meine Stimme war, „weg sind wir". Und dann holten sie mich wieder, flüsterten und kicherten und stanken nach Alkohol. „Weich" machen wollten sie mich: „Wird dir schon gefallen, Kommunistenschwein!" Und dann faßten sie mich an, berührten meinen Unterkörper, zerrten an mir herum und kalt wurde ich und leer, und: „Herr er-

barme dich! Herr erbarme dich!" habe ich geschrien, aber der erbarmte sich nicht, nicht in diesem Moment. Dann schlugen sie mich in den Nebel, in die Dunkelheit, raus aus der Welt.

Dann lag ich auf einer Pritsche, in eine Decke gewickelt, der „Arzt" war da. „Ist nichts passiert", sagte er, „sei ganz still und vernünftig, du kannst jetzt gehen, ich setze das durch, und dann geh weg, verhalte dich still, sage keinem etwas, sei vernünftig, ist ja nichts passiert, ich kam rechtzeitig, betrunken sind die eben, kommt schon mal vor und jetzt kannst du aber gehen, nur vernünftig muß du sein. . ."

Und dann kam ich wieder in ein Auto, und mußte mich auf einen Sack setzen. „Ein Geschenk geben wir dir mit!" Böse waren die, daß ich gehen durfte; die mußten ja gehorchen. „Dich kriegen wir schon noch, mach dir keine Sorgen", und „Hurensohn, Terrorist!" Und: „Auch der T. kann dir nicht mehr helfen!" Und geschlagen haben sie mich, aus Zorn, daß sie mich gehen lassen mußten.

Und dann warfen sie erst mich aus dem Auto und dann den Sack, und dann schossen sie noch, einfach so, in die Luft, und dann fuhren sie weg.

Und ich saß am Rand einer Straße, und kein Licht war da, nur den Himmel sah ich wieder und die Sterne, ganz nah und groß, und der Sack war da, und in dem Sack war ein Körper, eine Leiche; und weg wollte ich, nur weg; und dann kamen Lichter auf mich zu, Autos bremsten und gaben dann Gas; und stehen konnte ich nicht, auf den Knien blieb ich auf der Straße; und dann wieder Lichter, wieder Bremsen (ich kann das Geräusch nicht mehr hören, jetzt); und diesmal kein schnelles Wegfahren, die Lichter blieben stehen, und dann hörte ich eine Frauenstimme, ganz nah bei mir, und sie sagte immer und immer wieder: „Dios mio! Dios mio!"

Und dann lag ich wieder in einem Auto, diesmal oben, auf den Sitzen, und zwei Kinder starrten mich an, und die Frau fuhr und weinte und sagte immer wieder: „Dios mio! Dios mio!. . ."

Daniel blieb damals neun Tage im Hause M., wo er gesundgepflegt wurde. Dr. M., ein orthodoxer Jude, hatte seinen Rabbi gefragt, wie er sich in dieser Situation verhalten solle, und der hatte ihm geantwortet: „Menschlich".

Der Rabbi, seine Vorfahren stammten aus Ungarn, lebt eigentlich in Brasilien; in Argentinien war er „des Studiums wegen", wie er erklärte. Jung war er, gerade Vater einer Tochter geworden. Die brachte er später gemeinsam mit seiner Frau bei C. unter, als vor einer Synagoge eine Bombe explodiert war und er anonym bedroht wurde. Er selber tauchte nicht unter, wollte auch nicht bei C. bleiben. „Es könnte doch einer kommen, der Rat braucht, und dann ist keiner da", gab er als Erklärung ab.

Und der Rabbi bemühte sich auch, mit Hilfe seiner Freunde, den Kindern zu helfen.

Danach war alles wieder wie immer. Einmal brachte mir Daniel C. einen dicken Umschlag. Den wollte er nicht bei sich behalten. „Lies, wenn du willst", sagte er. „Ich habe versucht, alles aufzuschreiben, weil die E.s mir sagten, das sei gut. Stimmt nicht. Darum werde ich jetzt auch nicht mehr weiterschreiben."

Ich war etwas ratlos, und wußte nicht, was ich mit den Zetteln anfangen sollte. Einige las ich und merkte: mein Freund Daniel hatte mir eine Bombe ins Haus gebracht! Denn bei den Aufzeichnungen lag auch eine Liste mit Namen von Personen, die aktive Staatsterroristen waren.

„Verbrenn sie!" sagte er, als ich ihn fragte.

Ich verbrannte die Zettel nicht. Der Umschlag lag lange unter meiner Matratze, keiner wußte etwas davon, auch R. nicht. Daniel half mir sogar noch beim Sortieren der Zettel. Die mit Namen und Daten gab ich Bischof P. Noch während sich Daniel bei den M.s in Sicherheit befand, war der Bischof, völlig undiplomatisch, im Regierungsgebäude bei dem damaligen Innenminister vorstellig geworden. Man versicherte ihm, daß gegen Daniel C. nichts vorliege und man den ganzen Vorfall, den er, der Innenminister, „zutiefst bedaure", untersuchen werde. —

Im Lande selbst näherte sich der Sommer, Weihnachten, der Jahreswechsel. Ab März 1981 sollte, wie erwähnt, ein neuer Militärpräsident die verfahrene Situation wieder in Ordnung bringen. Der, General Viola, gab sich ganz „demokratisch". Von Zusammenarbeit mit den Politikern sprach er, auch von einer neuen Partei, in der die Militärs den Ton angeben sollten, und in einer Ansprache vor den Kadetten des Militärkollegs erklärte er unter anderem:

„Die fundamentale Kondition, um für immer zu verhindern, daß der Terrorismus in Argentinien wieder auferstehe, ist, daß die Streitkräfte, ihrem ethischen Konzept entsprechend, nicht erlauben, daß das untersucht werde, was im Kampf gegen diesen Terrorismus geschehen sei."

Und danach reiste er nach Washington, wo er von Präsident Reagan wie ein regierendes Staatsoberhaupt empfangen wurde. Und gut sollen sie sich verstanden haben, die beiden Herren.

Zehnter Brief

1981 war das Jahr, das uns drei Militärpräsidenten bescherte. Das wußten wir zum Jahreswechsel zwar noch nicht, aber irgendwie hatten wir uns an die absurde, bösartige Situation gewöhnt, in die uns diese Handvoll Uniformierter gebracht hatte.

Ich persönlich glaube, diese Art der Gewohnheit ist schlimmer als jede Krankheit, von der Menschen befallen werden können: Sie trübt den Blick, verhindert ein normales Reagieren auf Anormalitäten.

Denn was da mit diesem General Viola auf uns zukam, wußten wir alle. Er war unfähig und ernannte neben seinen acht Ministern und rund zwanzig Staatssekretären neunzehn zivile Präsidentenberater. Geschwätzig „regelte" er selbstherrlich unsere Zukunft. Seine Familienverhältnisse waren nicht einwandfrei — sein Sohn war dafür bekannt, daß er und seine Freunde schon als Jugendliche mit der Waffe in der Hand Menschen überfallen hatten, nur so aus Langeweile, und nie war ihm etwas passiert, dem Sohn des Generals. All das wurde von uns kommentiert, so wie ein schlechtes Fußballspiel kommentiert wird. Frivol waren wir geworden, und gewöhnt hatten wir uns an den ganzen faulen Zauber.

Mit Viola zog eine regelrechte Mafia von Obersten in das Regierungsgebäude ein. Viele von denen waren nach den blutigsten Jahren des

„Prozesses", also ab 1979 etwa, aus Argentinien entfernt worden. Man hatte sie in unseren Botschaften im Ausland untergebracht, als Militärberater und dergleichen. Mit Viola kamen die meisten wieder zurück.

Auch in Bonn war einer der Herren gewesen und bekam dann auch noch einen Orden vom Bundespräsidenten für seine Verdienste (um was wohl). Auf ein Protestschreiben bekamen wir die Antwort, daß der Regierung der Bundesrepublik nichts Nachteiliges bekannt sei, bei der Ordensverleihung an „scheidende Diplomaten" handle es sich um eine Routineangelegenheit . . .

Und so wurde die kurze, sinnlose Regierung des Generals Viola und seiner Obersten auch Daniel C. zum Verhängnis. Denn Daniel begegnete dem Schatten mit der Zigarette — und erkannte sie wieder, diese Augen.

Und dann hatte sich Daniel aufgelöst.

Es gab wohl eine Vorwarnung, anonyme Anrufe und eine nichtanonyme Begegnung mit dem Oberst. Das wußten die M.s und ich. Sprechen wollte er mit dem, eine Erklärung wollte er von dem. Nur seinen Namen verriet Daniel nicht. „Kommt noch", sagte Daniel, „den zeige ich an . . ."

Ich weiß nicht, keiner weiß es, wann genau Daniel C. sich auflöste. Weg war von dieser Welt; er hörte auf zu existieren. Die Wohnung war nicht verwüstet, es gab keine Spuren, seine beiden Paar Schuhe, seine Jeans (die einzige Hose, die er besaß, eine abgelegte von R. war es), die Turnschuhe — alles war da.

Die Ms. versuchte mittels ihrer Beziehungen etwas zu erfahren. Den Rabbi, sogar den T., meinen uniformierten Freund, bat ich um Hilfe. Nichts. Bischof P. sprach wieder mit dem Innenminister, ein neuer war es mittlerweile, wieder ein General, sehr nett war er. Nichts gab es, nichts war bekannt, nichts lag vor.

Daniel C. hatte aufgehört zu existieren.

Elfter Brief

Zwei Wochen später reiste ich nach Europa ab. Aus Gesundheitsgründen.

Ich blieb in Europa, bis General Viola „krank" wurde. Meine Kollegin im Funk, die L., hatte mich telefonisch informiert. „Komm zurück!" hatte sie gesagt.

Zwei Tage später, am 30. November 1981, flog ich, am 2. Dezember sprach ich wieder im Sender. An meinem „Gesundheitszustand" hatte sich nichts geändert.

Im Funk begann die Zeit der offenen Konfrontation, bewußt gesucht von mir. Es begann das, was meine europäischen Hörer und Freunde (und wieviele Freunde habe ich!) als „Carls Stegreifkommentare" bezeichneten. Es begann die Zeit, in der ich die Musik als Waffe gegen die uniformierte Dummheit einsetzte. Keiner war vor meinen Interviews sicher; Schauspieler, Schriftsteller, Journalisten und vor allem Musiker machten mit mir Programme. Die einzige Bedingung, die ich stellte: Eine klare Haltung mußten sie haben, Menschen mußten sie sein, das heißt, nicht korrumpiert von der Macht. So war es eigentlich klar, daß fast alle meiner Studiogäste zu denen gehörten, die offiziell verleumdet, verfolgt, totgeschwiegen wurden, auf den „Schwarzen Listen" standen. Und Spaß hat es gemacht, nicht nur mir.

Jedes Programm wurde mit dem Hinweis eingeleitet: „Um ihnen, meine Freunde, zu demonstrieren, daß es in Argentinien trotz Militärregierung, Verschollenen und Schlimmerem, auch Menschen gibt, wie. . ." Und dann kam der Gast. Mit keinem wurde vorher etwas abgesprochen, und alle haben sie mitgemacht. Und in einigen Fällen gehörte schon Mut dazu, sich mit mir zu kompromittieren. Meinen Kollegen gegenüber war ich damals sicher nicht korrekt, heute akzeptiere ich das. Die hatten Angst (nicht alle), denn was ich machte und auch laut und deutlich sagte, war offene Konfrontation, war Provokation und wurde auch als solche verstanden, das merkte ich an den „Reaktionen" von Oben. Und einige meiner Kollegen fürchteten: Wenn „die" gegen „den" was machen, werden wir alle mit reingezogen.

Heute akzeptiere ich das, damals tat ich es nicht; da hat es in einigen Fällen weh getan, in andern hat es mich geärgert. Nur: geändert hat das alles nichts.

P., die damals Sprecherin war, hat kräftig mitgemacht. Auch bei den Kindern half sie mit, „Essen beschaffen". Und wenn wir alle kein Geld mehr hatten, weil immer mehr kamen, weil sie Hunger hatten, veräußerten wir unseren Besitz.

Ich weiß nicht mehr genau, was mich dazu trieb, meine Wohnung auszuräumen. Weg mit den vielen Dingen, wie Büchern, Kleidung, Hausrat und allem Überflüssigen, von dem wir immer glauben, ohne das gehe es nicht. Es geht!

Meine Nachbarin verstand die Welt nicht mehr. Noch heute höre ich ihre Stimme: „Aber Herr Gredé, das brauchen Sie bestimmt noch einmal!"

Ich erinnere mich, daß wir eines Abends, heiß war es, aus dem Sender kamen, die P. und die C., meine großartige Freundin, die aus einer anderen, „heileren" Welt kam und sich immer mehr engagierte. Eis wollten wir essen, aber das Geld war knapp.

Da kam irgendwie Daniels Schatten über uns, und weg war die Lust, Eis zu essen. Am anderen Tag brachte C. eine Goldmünze, ein Erbstück von ihrer Großmutter, ins Pfandhaus. Der Erlös langte für eine Woche Kinderessen. Und als die Frist im Pfandhaus abgelaufen war, und wir wieder nicht genug Geld hatten, um die Goldmünze von der Großmutter einzulösen, da lachte C. nur. „Aber satt geworden sind alle, oder nicht?" war ihr einziger Kommentar.

Auch das war Argentinien, in jenen Jahren. Wir ignorierten sie einfach, die Uniformierten, was konnten sie uns schon anhaben? Foltern konnten sie uns, umbringen, mehr nicht. Und das war einfach einmal zuviel passiert, hatte seinen Schrecken verloren.

Ich hoffe, Du verstehst, was ich Dir hier zu erklären versuche. Es war nicht Mut, noch Leichtsinn; es war wohl eher ein Sich-Lösen aus dem Bann des Schreckens, der Angst, die uns lange, viel zu lange gelähmt hatte.

Nenne es die „Rache des kleinen Mannes", wenn Du willst, aber mit meiner Bitte um ein konsequent gelebtes Nein zu jeder Art von Gewalt, mit der ich so gut wie jedes von mir moderierte Programm abschloß, — und damit sicher nicht wenigen Hörern auf die Nerven ging, — habe ich Daniels „Freunde" bis zur Weißglut gereizt und doch gleichzeitig paralysiert. Was konnten sie schon tun? Mich umbringen, mundtot machen, wäre logisch gewesen. Doch dazu waren sie zu feige. Das hätte ja ganz offen geschehen müssen, und da waren die Berge von Hörerbriefen aus Europa. Feiglinge, die nur im Dunkel der Nacht so stark waren, um zu entführen, zu foltern und zu morden.

Zwölfter Brief

Das Jahr 1982 wurde zum Jahr des Krieges. Natürlich wußten wir das beim Jahreswechsel noch nicht; da waren wir nur froh, daß die Militärs General Viola nach nur neunmonatiger „Amtszeit" wieder abgesetzt hatten — und mit ihm seine gesamte Gefolgschaft. Die hatte nicht einmal zu verbergen versucht, daß sie absolut nicht verstand, was sie tat; „regiert" aber hatten die Herren — und wie!

Der neue Mann hieß General Galtieri. Er war Oberbefehlshaber des Heeres, und wegen seiner Schlagfertigkeit und seiner oft recht derben Sprüche relativ populär geworden. Ein nicht sehr intelligenter Mann, der sich kindisch freute, daß er „Präsident" war und das auch ganz offen zeigte. Da wir in dieser Beziehung Schlimmeres gewöhnt waren, atmeten wir auf und beobachteten gespannt, wie sich die Lage weiter entwickeln würde.

Schon damals, also noch vor dem Malvinen-Krieg, war klar, daß die Uniformierten sich nicht mehr lange halten konnten: sie hatten zu viele Fehler gemacht. Schlimm war, daß sie von Anfang an nicht zu ihren Fehlern standen, sondern sie zu verheimlichen suchten — dieses „Kameradschaftsdenken" ist wohl allen Uniformierten in aller Welt eigen. Ihr wunder Punkt waren vor allem die während des legalen Einsatzes gegen die bewaffneten Terroristen begangenen Verbrechen.

Die Uniformierten hatten sich da in eine Situation begeben, aus der es keinen friedlich-normalen Ausweg mehr gab. Und das wußten sie. Die jüngere Generation der Offiziere zeigte immer deutlicher ihr Unbehagen: Die hatten keine Lust mehr, sich in einem Atemzug mit den Verantwortlichen für Entführung, Mord, Massengräber und einer in unserer Geschichte beispiellosen Korruption nennen zu lassen.

Und dann, am 2. April 1982, wurden wir mit der Meldung überrascht, daß die Malvinen wieder argentinisch seien. Und ganz Argentinien explodierte im Jubel. Denn das Wort Malvinen löst in uns empfindliche Reaktionen aus. Es ist schwierig, das einem Nicht-Argentinier verständlich zu machen, unser patriotisches Verständnis zu erklären. Wir selbst verhalten uns in dieser Beziehung recht widersprüchlich und zeigen nur bei besonderen Anlässen, wie sehr wir dieses Argentinien mögen. „Vaterland", „Nationalhymne", „Fahne" — das sind für uns einerseits Selbstverständlichkeiten, mit denen wir uns aber andererseits voll identifizieren. Dabei ist dieses Nationalbewußtsein absolut apolitisch! Diese Erfahrung mußten zum Beispiel die Peronisten machen, als sie sich als politische Volksbewegung mit dem Land gleichzusetzen suchten; die Antwort der Mehrheit der Bevölkerung bekamen sie während der letzten Wahlen im Oktober 1983.

Die Inseln im Südatlantik waren Bestandteil des spanischen Vizekönigreiches am Rio de la Plata (Silberfluß). Nach der Unabhängigkeit, 1810, als sich die einzelnen Provinzen im Süden Amerikas zur Republik Argentinien zusammenschlossen, kamen die Inseln dazu. In der von Spanien Jahre später ratifizierten und von keiner anderen Macht beanstandeten Unabhängigkeitserklärung wurde Argentinien als rechtmäßiger Nachfolgestaat in allen Territorien des vormaligen spanischen Kolonialreiches am Silberfluß anerkannt. Erst 1833 überlegte es sich die damalige Weltmacht Großbritannien anders und besetzte die Inseln in einem Gewaltakt; die damaligen Inselbewohner wurden vertrieben.

Seitdem ist das Wort Malvinen für viele Generationen von Argentiniern ein Stachel im Fleisch. Verhandelt wurde, protestiert wurde — immer mit gleichbleibendem negativem Erfolg, auch als Großbritannien längst keine Weltmacht mehr war, die die Meere beherrschte.

Es gibt keine internationale politische Organisation, die sich nicht schon mit diesem Thema befaßt hätte, und so gut wie immer wurden Argentiniens Ansprüche unterstützt.

Zu Beginn der sechziger Jahre zählte die UNO-Vollversammlung die Malvinen-Frage zu den noch ungelösten Kolonialproblemen und forderte beide betroffenen Länder auf, Verhandlungen aufzunehmen, um die Souveränitätsfrage unter Berücksichtigung der Interessen der Inselbewohner friedlich zu lösen. Es ging nicht um die Frage der Selbstbestimmung. Jedenfalls mußte Großbritannien dann in Verhandlungen eintreten — aber auch sie zogen sich ergebnislos hin.

Bereits am 22. Dezember 1981, als General Galtieri Präsident Argentiniens wurde, hatte er angekündigt, daß nun die Zeit des Handelns beginne, da bloße Worte ihre Überzeugungskraft verloren hätten. Kurze Zeit vorher waren einmal mehr Malvinengespräche ergebnislos unterbrochen worden. Einige Monate vor dem Krieg besuchten uns drei nordamerikanische Senatoren, angeführt von Howard Baker sowie sechsunddreißig US-Waffenproduzenten. Auch zu diesem Anlaß gab es große Worte. So wurde unterstrichen, daß die argentinische Rolle bei der Verteidigung des Südatlantik für beide Amerikas, Nord und Süd, von fundamentaler Bedeutung sei.

Das waren Vorzeichen des sich anbahnenden Unheils, denn solche Erklärungen mußten bei so einfältigen Charakteren wie Galtieri, den Eindruck erwecken, Nordamerika stehe hinter ihm.

Als im Februar 1982 in New York wieder eine britisch-argentinische Verhandlungsrunde abgebrochen wurde, hätte eigentlich den Engländern klar sein müssen, daß für Galtieri und seine Kameraden die Zeit der Worte vorbei war. Die Reaktion der britischen Regierung verstehe ich bis heute nicht. Sie stürzte sich mit der begeisterten Unterstützung fast aller Verbündeten hemmungslos in ein anachronistisches Abenteuer. Der Vorwand, hier ginge es gegen eine blutige Militärdiktatur, rechtfertigte alles. Es gab eine ganze Reihe westlicher Staatsmänner, die das klar erkannten und versuchten, einen Krieg zu verhindern. Aber gegen das Machtdenken von Frau Thatcher kam demokratische Vernunft nicht an, zumal sie in diesem Punkt von ihrem Verbündeten, Reagan, voll unterstützt wurde.

Hier ging es nicht mehr um eine Handvoll größenwahnsinniger Militärs, die mit schrecklicher Leichtfertigkeit einen internationalen Konflikt vom Zaun gebrochen hatten, der mit Leichtigkeit beizulegen gewesen wäre; denn die wichtigsten westlichen Länder ließen sich in dieses Abenteuer mitreissen von einer Politikerin, die durch ihr Handeln die Unterschiede zwischen sich und den uniformierten Diktatoren in Argentinien verwischte.

Mit ihrem Leben bezahlt haben diesen Ausbruch undemokratischen Verhaltens Jugendliche, die in einen unsinnigen Kampf geschickt wurden.

Schuldig geworden sind alle, nicht nur die absurden Uniformierten, die damals in Buenos Aires die Macht in Händen hielten, sondern vor allem jene, die durch ihr undemokratisches Verhalten die in keinem Verhältnis zur Ursache stehende Reaktion der Margaret Thatcher unterstützten, finanzierten (ein großer Teil der Kosten wurde und wird aus dem Entwicklungsfonds der EG „umgeleitet") und durch bombastische Erklärungen absegneten.

Ein Beispiel zum Vergleich: In Deinem Haus lebt ein Kind. Es ist böse und störend: keiner mag es, weil es sich nicht gut beträgt. Dieses Kind wirft Dir einen Stein ins Fenster. Wirst Du dann die Erwachsenen Deines Hauses zusammenrufen, um dieses Kind zu erschlagen?

Ich habe nicht nur die hundertdreizehn Zettel des Daniel C. aufbewahrt. Ich habe auch viele Fotos, Zeitungsausschnitte und andere „Dokumente" aufbewahrt.

Hier sind einige Zitate aus jener Sammlung, Zitate zum Krieg im Südatlantik, im Frühjahr 1982:

Brief des englischen Marinesoldaten David Tinker, veröffentlicht von seinem Vater, nachdem der junge David gefallen war:

. . . Für Momente erscheint alles so absurd. Wir sind hier, im Jahre 1982 und kämpfen am anderen Ende der Welt in einem Kolonialkrieg. . . 28.000 Menschen streiten um ein kleines Stück Erde. Es werden alle Vorbereitungen für einen Krieg getroffen. Alles, von dem ich dachte, es existiere nur in Filmen, wird hier Wirklichkeit, alles wirkt wie ein gigantischer Trick.

Wer will auf den Malvinen leben?

Ich glaube, in unserer Geschichte, die reich an Kriegen ist, gab es keinen, der unsinniger war. Mrs. Thatcher hat sich in eine Diktatorin verwandelt, die einen Krieg anordnete, ohne das Parlament um Erlaubnis zu fragen; und jetzt weidet sie sich an den Jubelrufen der Masse — in London, weit weg von hier. Die Zeitungen behandeln das ganze wie ein Schauspiel. Würden in ihren Büros einmal Menschen in dieser schrecklichen Form sterben, wie hier, vielleicht änderten sie dann den Ton ihrer Berichte. . .

Ich bin sicher, die Truppen auf beiden Seiten setzen sich aus Menschen zusammen, die den Frieden wollen und die auf die Nachricht warten, daß Friedensverhandlungen eingeleitet wurden. Und das ist das Schlimme dabei: Wir sollen zerstören, damit aufhört, worin unsere politischen Herren uns mit soviel Jubel verwickelt haben. Ich bin überzeugt, irgendwer zieht Vorteile aus dieser Zerstörung, und wenn es auch nur Mrs. Thatcher und die Waffenfabrikanten sind. . .

David Tinker verlor sein Leben bei der Versenkung des britischen Kriegsschiffes *Glamorgan*.

Auszug aus einem unvollendeten Brief eines argentinischen Soldaten, gefallen und begraben auf den Malvinen. . .

. . . Wir rannten und rannten. Immer, wenn wir eine Bombe kommen hörten, warfen wir uns auf den Boden; mehr konnten wir nicht tun; dann rannten wir einfach weiter. Einmal sah ich, wie ein Bombensplitter das Bein eines Jungen verletzte, der etwas zurückgeblieben war. Drei von uns liefen zu ihm, als sie seine Schreie hörten, und hoben ihn auf, um uns zu folgen. Sie waren vielleicht noch zweihundert Meter von uns entfernt, da schlug knapp hinter ihnen eine Bombe ein. Als wir wieder aufstanden, war von den vier Jungen nichts mehr zu sehen. . .

Was uns bleibt, ist die Hoffnung, daß vielleicht doch eines Tages die Inseln im Südatlantik nicht mehr Falkland heißen, sondern wieder jenen Namen tragen, den sie schon hatten, bevor die Engländer sie vor mehr als hundertfünfzig Jahren besetzten: Malvinen. Was bleibt, ist Trauer um diese jungen Briten und Argentinier, deren Leben so sinnlos beendet wurde, noch bevor es richtig begann — nur weil eine Handvoll Politiker ausflippte und wir alle nicht versuchten, das zu verhindern.

Es bleibt aber auch die Erkenntnis, daß nicht nur wir in Südamerika für Gewalt anfällig sind. Und das sollte Anlaß zur Sorge geben, wenn man die derzeitige Situation zwischen Ost und West bedenkt. . .

Der anachronistische Krieg trug uns in seinen letzten Tagen einen Besuch des Papstes ein (drei Tage nach der Abreise des Papstes kam die Kapitulation). Papst Johannes Paul II. hatte einen seit langem geplanten offiziellen Besuch in England realisiert, wollte aber nicht den Eindruck erwecken, für eine der beiden kriegführenden Mächte Partei zu ergreifen, und so kam er dann auch nach Argentinien.

Der erste Besuchstag war für viele von uns ärgerlich. Man verstand nur schwer, warum der Papst zwar der Militärtrilogie, die ja selbsternanntes höchstes Machtorgan war, einen offiziellen Besuch im Regierungsgebäude abstattete, aber keine Zeit für die leidgeprüften Angehörigen der Verschollenen hatte. Das lag natürlich nicht am Papst, sondern an den Organisatoren des kurzfristig angesetzten Besuches. Und sie, die Vertreter der Argentinischen Amtskirche, blieben da völlig ihrer Linie treu, die sie zu Beginn der Diktatur angenommen hatten. Am zweiten Tag des Papstbesuchs wurden wir dann irgendwie „getröstet": Johannes Paul II. brachte in einem kurzen Privatgespräch sein Wissen um die Schrecken zum Ausdruck, denen die große Mehrheit der Argentinier ausgesetzt war, und vor allem seinen Schmerz darüber. Allerdings verhielt er sich bei allen offiziellen Auftritten so „diplomatisch", wie die Mehrheit unserer Bischöfe und unsere uniformierten Herren das von ihm erwarteten.

Während einer Messe vor mehr als eineinhalb Millionen Menschen, der größte Teil Jugendliche, wich der Papst aber spontan vom vorgeplanten Predigttext ab und ließ sich auf einen Dialog mit den jungen Argentiniern ein, die ihm in Sprechchören zu verstehen gegeben hatten, daß sie diesen Krieg nicht wollten, daß sie der Gewalt überdrüssig waren — und auch jener, die diese Gewalt ausüben oder das alles dulden. Er fand gute Worte an diesem Sonntag, mitten in Buenos Aires.

Nervös wurden unsere Bischöfe, die im vollen Ornat auf der Ehrentribüne saßen, nervös wurden unsere Uniformierten, die, in Zivil gekleidet, von ihren Leibwächtern begleitet, in der ersten Reihe knieten. Denn in diesem Moment war der Papst ihrer „diplomatischen" Kontrolle entglitten; in diesem Moment war er wirklich zu uns gekommen, der Heilige Vater, und das war tröstlich.

Denn die Amtskirche Argentiniens hatte sich eigentlich schon lange symbolisch von uns abgewandt. Sie machte gemeinsame Sache mit der uniformierten Macht, in einigen Fällen ganz offen, in anderen durch Schweigen. Nur wenige Bischöfe (hingegen viele Priester und Laien) verhielten sich in diesen dunklen Jahren so, wie man es von überzeugten Christen eigentlich erwarten sollte. Die meisten ließen uns einfach in unserer Not allein. Erst als sich auch beim besten Willen nicht mehr verniedlichen oder verheimlichen ließ, welche Verbrechen von den Uniformierten begangen wurden, begann sich auch die Bischofskonferenz in ihren offiziellen Erklärungen für die Menschenrechte einzusetzen. Hätte sie von Anfang an eine klare Haltung eingenommen, sich also so verhalten, wie es selbstverständlich sein sollte für Menschen, die sich offiziell für die Nachfolge Christi entschieden haben, wäre uns in Argentinien viel erspart geblieben. Denn der Einfluß der Kirche ist enorm, vor allem dort, wo sie geschlossen und in der Tat christlich auftritt. Daran wären auch die blutigen Militärs gescheitert. Aber es war bequemer, sich im Schatten der Macht zu bewegen. Es war bequemer, die Kathedrale von Buenos Aires an Donnerstagen geschlossen zu halten, wenn die tapferen Mütter vom Maiplatz ihre Schweigerunde um die Pyramide drehten; sie waren nämlich einmal — Schutz vor der Polizei suchend — in die Kathedrale geflüchtet. Es war bequemer für die Mehrheit unserer Bischöfe, ihre Brüder im Amt und viele Priester und Laien widerspruchslos als Marxisten verleumden zu lassen, statt ihnen durch ihr Verhalten Vorbild zu sein — nur weil jene Unbequemen sich im Schatten dieser blutigen Macht nicht wohlfühlten und wirklich versuchten, das Evangelium zu leben. Die meisten Vertreter der argentinischen Amtskirche schwiegen auch noch, als Priester, Ordensangehörige und Laien umgebracht wurden. Es war eben bequemer. . .

Erst als sich ein Ende dieses Schreckens abzeichnete, bezog auch die Bischofskonferenz Position.

Was ich hier schreibe, bezieht sich auf das Verhalten der Katholischen Kirche in Argentinien, zu der sich ungefähr fünfundneunzig Prozent aller Argentinier bekennen, gilt aber auch für andere religiöse Glaubensgemeinschaften. Alle haben sie durch ihr unchristliches Verhalten diesen Jesus Christus immer wieder gekreuzigt, jeden Tag. . .

In diesem Bereich wird sich die Situation in Argentinien aber bestimmt bald wieder normalisieren. Daß dies möglich ist, liegt in erster Linie an der Haltung jener Priester, die nicht „mitmachten". Bleibt zu hoffen, daß die Mehrheit der kirchlichen Würdenträger sich nun ihrerseits an der Basis orientiert. Da kann sie vielleicht noch lernen.

Auch bei unseren Streitkräften wird nun sicher einiges in Bewegung geraten. Eine Strukturänderung ist mehr als überfällig, und die ersten Maßnahmen der Regierung Alfonsin lassen ebenfalls hoffen, daß auch dieses Problem gelöst wird, daß die Uniformierten aus ihrem Elitedenken rausgezogen werden. Das wird natürlich auch einige Zeit dauern. Nur: Wenn es nicht gelingt, die Streitkräfte zu demokratisieren, ihnen jene Rolle zuzuweisen, die ihnen in einer demokratischen Gesellschaft zusteht, bleiben sie ein Unruhefaktor. In Argentinien, wo die Uniformierten nun von der Realität eingeholt wurden, wird es zwar lange dauern, bis sie sich von diesem Schock wieder erholen. Trotzdem bleibt zu hoffen, daß die Regierung Alfonsin den einmal eingeschlagenen Weg auch konsequent durchhält, um dieses Problem ein für allemal zu lösen. Leicht wird es nicht sein, unmöglich ist es auf keinen Fall.

Noch während des letzten Jahres der Militärregierung wurde von der Militärjunta eine Untersuchungskommission eingesetzt, die alles analysieren sollte, was mit dem Malvinenkrieg zusammenhing. Anlaß war wohl der Druck der Bevölkerung, die in diesem Fall nicht zufrieden war mit den sonst üblichen Erklärungen, mit denen die Uniformierten uns abzuspeisen beliebten. Die Untersuchungen waren streng geheim und auch die Ergebnisse sollten nur den Ranghöchsten der drei Waffengattungen übergeben werden. Durch eine Indiskretion wurden sie aber bekannt, und eine Wochenzeitschrift veröffentlichte sie.

Das Ergebnis der Untersuchungen war, in groben Zügen, daß die drei Oberkommandierenden und einige ranghohe Offiziere für schuldig befunden wurden, ihren politischen wie militärischen Verpflichtungen mehr als miserabel nachgekommen zu sein. Für vier von ihnen wurde die Höchststrafe empfohlen, das bedeutet nach dem argentinischen Militärgesetz die Todesstrafe.

Inzwischen gehört auch der Malvinenkrieg zu den vielen Fällen, die auf Anordnung der Regierung Alfonsin von den zuständigen Bundesgerichten behandelt werden, diesmal in Übereinstimmung mit der argentinischen Verfassung und dem zivilen Strafgesetzbuch. Ein Ende der Untersuchungen ist vorläufig nicht abzusehen, da viele hohe Militärs — vor allem die vorzeitig pensionierten — noch nicht so recht begriffen haben, daß die Zeit, wo sie selbstherrlich handeln konnten, endgültig vorbei ist. Die gestürzten selbsternannten Halbgötter haben gewisse Schwierigkeiten zu begreifen, daß sie — genau wie jeder nicht uniformierte, straffällig gewordene Argentinier — zur Rechenschaft gezogen werden.

Das gilt übrigens auch bei der Untersuchung des sogenannten „Schmutzigen Krieges" gegen die linken Terroristen. Hier verweigern viele Offiziere die Mitarbeit; wohl weil es ihnen schwer fällt, einzugestehen, daß es hier um ganz gewöhnliche kriminelle Vergehen geht und nicht (wie sie glaubten und viele noch glauben) um einen „Dienst am Vaterland", um den sie keiner gebeten hatte.

Bis heute wurde die Existenz von mehr als dreihundert Geheimgefängnissen bekannt, in denen Menschen auf Anordnung und zum Teil unter Mitwirkung hoher Offiziere verhört, gefoltert und umgebracht wurden. Dreihundert Kleinkinder, die man mit ihren Eltern „verschwinden" ließ, wurden heimlich zur Adoption weitergegeben. Diese Kinder werden seit Jahren von ihren Großeltern gesucht — weil die Eltern diese lange schreckliche Nacht nicht überlebten, die von 1976 bis 1983 dauerte.

Die Uniformierten und ihre zivilen Helfer wollen nur schwer einsehen, daß sie sich nun für die vielen Massengräber verantworten müssen, die indessen gefunden wurden. Und mit jedem Massengrab wurde die jahrelang mit großem Mut genährte Hoffnung der „Mütter des Maiplatzes" zunichte gemacht. Denn diese Massengräber enthalten ja die Leichen ihrer Männer, Söhne und Töchter, für deren „Wiederauftauchen" sie seit 1977 demonstriert hatten. Wer wird sie trösten, wer ihre Trauer mit ihnen tragen? Sollen sie auch noch akzeptieren, daß die Hauptverantwortlichen dieses argentinischen Holocaust „aus Mangel an Beweisen" freigesprochen werden, weil vielleicht die Regierung Alfonsin dem Druck der extremen Rechten nachgeben muß und dieses ganz schreckliche Kapitel unserer jüngsten Vergangenheit und Gegenwart mittels eines politischen „Übereinkommens" löst?

Für uns beginnt jetzt die Zeit des Aufbaus. Es ist kein Wiederaufbau; wir müssen es einfach schaffen, unsere Vergangenheit aufzuarbeiten, so schmerzlich das auch sein mag, und gleichzeitig unser großes, wunderschönes und reiches Land in den Griff bekommen. Dazu brauchen wir Freunde, denn wir waren zu lange isoliert, nur auf uns selbst gestellt. Dann werden wir es schaffen, ganz bestimmt; da habe ich, trotz allem, Hoffnung. Denn die Zeit der Tränen, von denen Maria Elena Walsh singt, ist für uns vorbei!

Kriegslied

Ein Fetzen Seide hängt in der Luft,
getrieben vom Winde überschwemmen die zerstörte Brücke
Tränen
Und der Tag verbirgt sich im Bombenstaub und Nebel
Aschenregen fällt, schweigend wie
Tränen
Ay, wann wird Krieg und Tod ersetzt durch
Blüten an den Zweigen, den Duft nach Brot. . .
Tränen
Verbrannte Bäume, blaß wie leere Träume,
in der zerstörten Hütte ertrinkt eine Sandale in
Tränen
Gespensterschritte fliehen durch unsre Mitte
Als Schatten im Gewitter stehn, wie immer, Mütter in
Tränen
Ay, wann ersetzt man Krieg und Tod durch
Blüten an den Bäumen und den Duft nach Brot. . .
Tränen

Maria Elena Walsh

Dreizehnter Brief

S., meine argentinische Freundin, war mein Gedächtnis in dieser schlimmen, langen Nacht, als bei dem Versuch, Dir auf Deine Fragen zu antworten, die Erinnerung lebendig wurde — und der doch zurückliegende Schmerz, die Trauer, die Isolation, die Welle des Entsetzens mich zu ertränken drohte (K. J.s tägliche Anrufe wurden zum Strick, der das verhinderte). S. weinte mit mir um unsere drei Freunde, die erst jetzt, bei der Aufarbeitung von Erinnerungen, als tot empfunden wurden. Sie erinnerte mich daran, daß auch sie damals zurückkam nach Argentinien — und nach einer Woche wieder ging, weil sie glaubte, ersticken zu müssen in dieser verpesteten Luft. „Wie haltet ihr es nur aus hier mit dieser Bande zu leben, ohne etwas dagegen zu tun?" Böse war sie mit uns, ihren Freunden, verstand uns nicht mehr. . .

Sie war 1976, kurz nach dem Putsch, ihrem Mann ins freiwillige Exil gefolgt. Er war Historiker, Marxist, aber ein in große Theorien versponnener; er wollte denen nicht in die Hände fallen.

In Paris akklimatisierte er sich schnell, fand wohl eine neue, geistige Heimat. Die Ehe ging kaputt am Exil. Das verhinderte, daß S. ihre Koffer auspackte; Heimweh hatte sie, wollte sich nicht wohlfühlen in Frankreich. Lange kann sich das Schreckensregime in Argentinien sicher nicht halten, dachte sie.

Sie war eine gute Schauspielerin. Jetzt, allein mit dem Sohn, der sich inzwischen in einen vierzehnjährigen perfekten Franzosen verwandelt hat, arbeitet sie als Putzfrau in einem Pflegeheim.

1981 kam sie zurück, wollte sehen, ob es nicht vielleicht doch eine Möglichkeit gäbe, trotz der Militärregierung, zu Hause zu leben. Auch des Sohnes wegen, der sollte in seiner Heimat Mann werden, sagte sie. Eine Woche später war sie wieder in Paris, gewöhnte sich an das Exil, an die Unfreundlichkeit der Menschen, hörte schon nicht mehr, wenn man sie beschimpfte: Ausländerin, unerwünschte!

Heute erzählt sie, daß sie im Exil eigentlich ständig mit schlechtem Gewissen gelebt habe. Zu oft hatte sie direkt oder indirekt hören müssen, daß sie den Hiesigen Platz wegnehme, die Arbeit, das Essen. Und dann die Unfreundlichkeit der Bürokraten, der Nachbarn. Schlimm war es, sagt sie heute, aber eben auch ein Leben.

Im Dezember 1983 kam sie einmal für kurze Zeit nach Argentinien zurück, wollte das „Wunder Alfonsin" miterleben, wie sie die Regierungsübernahme bezeichnete. Und jetzt will sie endgültig wieder nach Hause. Nur noch das Ende des Schuljahres muß sie des Sohnes wegen in Paris abwarten.

Zurück will sie, die das Wort Hoffnung nicht mehr hören kann, die mich akzeptiert, weil *ich* hoffe, zurück will sie, weil jetzt doch die Hoffnung besteht, daß alles gut wird. —

Das Jahr 1983 kündigte sich eigentlich ziemlich konfus an. Die Folgen der großen Demonstration der Argentinier für „Leben und Freiheit" waren noch nicht abgeklungen. Der Schreck, daß die von den zivilen Angehörigen der „Dienste" gereizten, zur Gewalt gereizten Demonstranten in ihrem Zorn bis zur Tür des Regierungsgebäudes gekommen waren, saß den „Herren" noch im Gemüt. General Bignone, der sich huldvoll selbst als „letzten de facto-Präsidenten" bezeichnete (dies sei sein Wunsch, sagte er im Fernsehen), versuchte mit langatmigen Reden und Erklärungen darüber hinwegzutäuschen, daß er nichts anderes war, als der Totengräber eines an seiner eigenen Kriminalität zu Grunde gegangenen „Prozesses". Als er begann, dieser „Nationale Reorganisationsprozeß", sollte er uns eine stabile, pluralistische Demokratie bringen.

Was er uns statt dessen brachte, war das perfektionierte Verbrechen, die leiblich gewordene Unmenschlichkeit.

Arbeitslosigkeit, unkontrollierbare Inflation. Nun gab es auch die ersten Anzeigen gegen Folterer, Mörder und Korrupte (die nun endlich die Richter des „Prozesses" zwangen, zu reagieren, selbst wenn es gegen die eigenen „Herren" ging, auf deren „Akte" sie eingeschworen waren). Dreißigtausend Verschwundene, noch nicht wieder Aufgetauchte, verschwundene Kinder . . . die Liste ist lang.

Der „Prozeß" brachte aber auch die Erkenntnis, daß Gewalt eines der Mittel ist, die im Argentinien von heute keinen Platz mehr haben sollen. So ist das Wahlergebnis vom 30. Oktober 1983 zu erklären: Die Mehrheit der Argentinier bewies, daß sie ein gutes Gedächtnis hat. Dabei hatten die Uniformierten alles getan, um ihren Abgang für uns so bitter wie möglich zu gestalten. Ohne Zweifel ein anderes Wahlergebnis erwartend, hatten sie zuerst ein Dokument veröffentlicht, in dem die als verschollen geltenden Personen offiziell für tot erklärt wurden. Danach, zwei Monate vor der Wahl, kam die „Selbst-Amnestie": Die Herrschenden vergaben sich großzügig den von ihnen begangenen Mord an Tausenden von Menschen. Sie vergaben sich auch ihre „Übergriffe", ihre Korruption; sie waren fest davon überzeugt, sich damit für die Zeit „danach" abgesichert zu haben. Und Plaza, der Bischof der Stadt La Plata in der Provinz Buenos Aires, erklärte, es sei ein gutes Dokument und basiere auf der Grundlage des Evangeliums. Andere Bischöfe äußerten sich ähnlich, behutsamer vielleicht, nicht ganz so brutal, doch ähnlich.

Die Mehrheit der Argentinier entschied sich dann anders, nicht nur für Alfonsin und die Hoffnung, die er verkörpert, daß es diesmal gelingt, sondern sie entschieden sich auch gegen die Gewalt.

Der „Prozeß" war zu Ende. Angefangen hatte dieses Ende schon 1982, als Mercedes Sosa, die wohl größte und menschlichste Folk-Sängerin Südamerikas, probeweise aus dem Exil in Europa zurückkam. Ihre Schwierigkeiten hatten schon unter der Regierung Isabel Perons begonnen. Der Sosa jubelten die Massen zu, und das gefiel den Peronisten nicht; schon überhaupt nicht, als die Sängerin keinen Zweifel daran ließ, daß sie keine Peronistin sei. Als „Kommunistin" verleumdet, wurde sie regelrecht „ausgehungert". Dem Druck von Oben gehorchend, gab es für sie keine Konzertsäle mehr, in denen sie auftreten konnte, keine Schallplattenläden, in denen ihre Platten zu haben waren.

Dann kamen die Militärs und übernahmen auch im Falle von Mercedes Sosa die Praktiken der von ihnen abgesetzten demokratischen Regierung. Um zu überleben, ging sie ins Exil. Für uns existierte sie nicht mehr.

Und dann war sie plötzlich wieder da. Und Millionen Argentinier aller Altersklassen füllten Säle, Plätze und Fußballstadien, um sie zu hören: la Negra Sosa.

Und die Uniformierten konnten nichts dagegen machen. Sie versuchten es: Eine Bombe explodierte in einem Stadion, wo Mercedes Sosa am Abend singen sollte. Man wollte bestimmt die Menschen vom Hingehen abhalten; das Gegenteil war der Fall, doppelt soviele kamen, trotz der Bombe. Für Rundfunk und Fernsehen war sie verboten. Ich war der erste, der es wagte, ihre Platten zu spielen, mit den dazugehörenden Kommentaren, von denen einer meiner deutschen Hörer mir schrieb, das sei ja eine „Liebeserklärung" gewesen. Der damalige Direktor des Radios erklärte mir, ihm gefalle das auch, die Sosa und so, aber ich solle doch nicht „den Finger in den Rachen des hungrigen Löwen stecken". In diesem „Rachen" hatte ich zu jenem Zeitpunkt allerdings schon meinen ganzen Kopf. Zahnlos war er geworden, dieser Löwe, feige gewesen war er schon immer. . .

Die Musik war es, die enorm dazu beitrug, daß es nicht in der Bevölkerung zu Gewaltausbrüchen kam, in jenen letzten Monaten, als die Tage endlos zu sein schienen und nicht vergehen wollten. Rock, Folklore, alles, was gut, was ehrlich war, zog Millionen von Menschen in die Konzerte. Die Musik war die Waffe, mit der die Militärs entwaffnet wurden.

Überflüssig waren sie geworden, wurden vertrieben von der zu Musik gewordenen Hoffnung von Millionen Menschen. Der „Prozeß" war tot, lange bevor er sich selber zu Grabe trug.

Vierzehnter Brief

Am 14. Juni 1982 war der Krieg zu Ende, nach vierundsiebzig Tagen der Euphorie, des Schreckens und der Ernüchterung. Nach diesem Krieg war Argentinien ein anderes Land, war die Mehrheit der Argentinier ein anderes Volk geworden. Es gab keine Selbsttäuschung mehr; keiner konnte noch sagen: „Das geht mich nichts an."

Die ersten, die dies bemerkten, waren die Uniformierten an der Macht. Sie wußten: wenn sie jetzt nicht klein beigaben, würde es zur Explosion kommen. Der Zorn der Unterdrückten, Gefolterten, Ermordeten und Ausgeplünderten hatte sich in eine Zeitbombe verwandelt. Zum Glück für uns alle gelang es den „Herren des Prozesses" noch einmal, die Situation in den Griff zu bekommen. Ein Jahr wollten sie noch, um den „Übergang" zu erleichtern.

In diesen Monaten bis zur Wahl im Oktober 1983 versuchten sie mit allen Tricks, sich für die Zeit danach abzusichern, denn natürlich wollten sie nicht für ihre Verbrechen zur Rechenschaft gezogen werden. Aber was sie auch taten oder redeten, keiner beachtete sie mehr: wir duldeten sie bloß noch, weil nun ein Ende des Schreckens abzusehen war. Auch Drohungen und vereinzelte „Übergriffe" seitens der Sicherheitsdienste änderten nichts; sie hatten einfach einmal zuviel gedroht; das wurde langweilig.

Schlimm für die Uniformierten war dann auch das Wahlergebnis. Sie hatten mit einem gerechnet, das ihnen unangefochten den Rückzug erlaubt hätte.

So kam ein Fehler zum anderen, alles Folgen der maßlosen Selbstüberschätzung, mit der sich die Regierung ihr absolutes Versagen in ein „Erreichen der gesetzten Ziele" umredete. Auch die militärische Unfähigkeit wurde mit großen Worten kaschiert, denen schon keiner mehr zuhörte. Absichern für die Zeit danach wollte man sich jedoch vor allem gegen die Verfolgung der maßlosen Korruption der militärischen Hierarchie und der „Übergriffe", mit denen die Ermordung von rund 30.000 Argentiniern umschrieben wurde. Die Verantwortlichen verabschiedeten nicht nur ein Autoamnestiegesetz, mit dem sie sich selbst von jeder Konsequenz freisprachen, es gab auch jede Menge hintergründiger Beziehungen mit Vertretern des autoritären Flügels der Peronisten und vor allem der peronistischen Gewerkschaftsmafia. Wären die Uniformierten auch nur ein klein wenig intelligenter gewesen, hätten sie begreifen müssen, daß uns diese unzüchtigen Techtelmechtel noch mehr in die Reihen des damaligen Präsidentschaftskandidaten Raul Alfonsin trieben. Aber durch Intelligenz hatte sich diese Regierung nie ausgezeichnet — ein Umstand, der es vielen von uns jetzt noch schwerer macht, unser eigenes Verhalten zu verstehen.

Am 10. Dezember 1983 war es endlich soweit. Nach fast achtjähriger gewaltsamer Unterbrechung trat ein durch freie Wahlen hervorgegangener Kongreß zusammen, um den mit der absoluten Mehrheit gewählten Argentinier Dr. Raul Alfonsin als Präsident der Republik zu vereidigen. Wir waren wieder frei!

Ganz Argentinien begrüßte diese Freiheit auf Straßen und Plätzen. Keinen, auch die politischen Gegner des neuen Präsidenten nicht, hielt es an diesem Tag zu Hause; das Gefühl, wieder frei zu sein, trieb uns einfach zueinander.

Genau um 10.46 Uhr an diesem Samstag im Dezember 1983 wurde Argentinien wieder ein verfassungsmäßig abgesicherter Rechtsstaat, endete ein endlos langer Alptraum, eine lange schreckliche Nacht.

Die neue, argentinische Regierung erwartet eine ungeheuer schwere Aufgabe:

Sie muß mit den uniformierten Verantwortlichen für fast acht Jahre Schreckensherrschaft abrechnen und sich dabei absolut im Rahmen der Möglichkeiten eines Rechtsstaates bewegen. Das heißt: abgeurteilt werden kann nur, wem Schuld nachzuweisen ist. Das stellt vor allem die direkten Opfer des Militärregimes vor enorme Akzeptierprobleme.

Eine weitere Aufgabe: Die Demokratisierung der Gewerkschaften. Die von General Peron, beziehungsweise seiner Gattin Evita, Ende der vierziger Jahre geschaffene Arbeiterorganisation CGT muß von ihrem faschistisch geprägten Führerprinzip abrücken, das die Gewerkschaften eher zu politischen Kampftruppen machte, nicht aber zur wirklichen Interessenverbänden der Arbeiter. Eine Gesetzesvorlage zur Schaffung wirklich freier, demokratischer Gewerkschaften scheiterte im ersten Durchgang im Senat, wo die peronistische Partei über die Stimmenmehrheit verfügt.

Ebenso wichtig ist die Demokratisierung der Streitkräfte, denn sie haben in der Vergangenheit mehr als einmal mit den Gewerkschaften gegen eine demokratisch gewählte Regierung konspiriert.

Schwer wird auch die Auflösung der Geheimdienste sein, den eigentlichen Verantwortlichen für Entführung, Folter und das Verschwindenlassen so vieler meiner argentinischen Landsleute. Diese Banden treiben nach wie vor ihr Unwesen.

Die Regierung muß die mehr als lädierte Wirtschaft in den Griff bekommen, um die immer schneller um sich greifende Verarmung zu stoppen. Vieles hängt davon ab, daß schnell für eine bessere Verteilung der Einkommen gesorgt wird.

Problematisch ist die Neuverhandlung der argentinischen Außenschuld. Sie beläuft sich auf 44 Milliarden Dollar. Mehr als dreihundert Gläubigerbanken und der Internationale Währungsfonds (hinter dem die grauen Eminenzen stehen, die die US-Regierung halten) wollen ganz strenge Auflagen durchsetzen, die aber letztlich gegen eine Sanierung der Argentinischen Wirtschaft gerichtet wären. Bevor im Bereich der Umschuldung keine Einigung erreicht wird, kann die Regierung kein langfristiges ökonomisches Konzept entwickeln. Es wäre schon längst überfällig.

Wir haben uns auf die Demokratie gefreut, fast ein ganzes Jahr lang, das letzte, schreckliche Jahr der Uniformierten. Wir haben die Tage gezählt; wir haben monatelang mit zusammengebissenen Zähnen gelebt, mit geballten Fäusten, um nur dieses letzte Jahr auch noch zu überleben, um uns nicht zur Gewalt provozieren zu lassen — weil wir wußten: das Ende war abzusehen.

Und jetzt haben wir die Demokratie. Wissen, daß es lang dauern wird, bis die ärgsten Probleme überwunden sind — aber irgendwie wollen wir jetzt auch satt werden, wieder Zukunft sehen. Wir wollen nicht hilflos miterleben, wie immer mehr Menschen in Not geraten. Als wir uns in Schulden stürzten, hat man uns ja auch nicht gefragt. Dr. Alfonsin hat das ziemlich deutlich gesagt: Die Kreditgeber trifft eine ziemliche Mitschuld an der Situation, denn sie haben enorm an den Finanzgeschäften mit den Uniformierten verdient. Die westlichen wie östlichen Länder haben das getan. Das bleibt eine durch nichts zu rechtfertigende Tatsache. Alle haben mit dem Mörderregime in Argentinien intensive wirtschaftliche Kontakte gepflegt, vor allem auf dem Rüstungssektor. Und sie wußten genau, mit wem sie Geschäfte machten. So wird auch verständlich, warum die Proteste gegen die Verletzung der elementarsten Rechte der Menschen so lau waren. Von den Uniformierten wurde derlei sowieso nicht ernst genommen.

Angesichts der guten Geschäftsverbindungen mit den „Protestierern" konnte man das doch wohl als verbale Pflichtübung von Washington, Bonn oder Paris abtun. Ausnehmen möchte ich hier allein den Präsident der Italiener. Als es um Menschen ging, die umgebracht wurden, dachte er nicht mehr ans Geschäft.

Ein großer Mensch, der alte Pertini.

Auch die angeblich „antifaschistischen" Moskauer Kommunisten stiegen groß in das Geschäft mit den ultrarechten Regimes in Südamerika ein. Aber hier muß ich meinen Vorwurf milder fassen, denn im Sprachschatz des Ostens existiert ja das Wort Menschenrecht nicht (und das meine ich jetzt nicht ironisch).

Dr. Alfonsin hat, wie vor ihm noch kein anderer Zivilist in ganz Südamerika, die hauptverantwortlichen Militärs zur Rechenschaft gezogen. Sie werden sich jetzt vor der Justiz für ihre Verbrechen verantworten müssen. Allein dank seiner Persönlichkeit ist Alfonsin schon vor seiner Wahl zum Hoffnungsträger geworden, nicht nur für die Mehrheit von uns in Argentinien, sondern in ganz Südamerika. Nur: er ist auch bloß ein Mensch. Wenn die westlichen Länder ihm jetzt mit harten Forderungen sein ohnehin schweres Amt noch mehr erschweren, wenn sie ihre Großzügigkeit plötzlich aufgeben, die sie den uniformierten Diktatoren gegenüber an den Tag gelegt hatten, dann wird es weder Dr. Alfonsin, noch sonstwer schaffen. Dann gibt es über kurz oder lang eine totgehoffte Hoffnung mehr, nicht nur für Argentinien, sondern für ganz Südamerika.

Im Lande selber ist der erste Jubel verklungen; man ist zur täglichen Normalität übergegangen. In immer größeren Kreisen hält die Depression Einzug. Wir wollten Demokratie, wir wollten Freiheit, Sicherheit und Zukunft — und vor allem wollten wir endlich satt werden. Und damit klappt es noch nicht. Bleibt zu hoffen, daß die Mehrheit von uns die Hoffnung nicht verliert.

Und nichts Positives gab es durch den „Prozeß", gar nichts? S. will es wissen, die die ganze Zeit ja in Paris war.

Nein, es gab nichts Positives. Die produktive und moderne Wirtschaft, die man uns 1976 ankündigte, ist heute ruinierter als vorher. Der Kampf für das Leben, mit dem man den Terroristen zu Leibe rückte, hatte die systematische Vergewaltigung der elementarsten Menschenrechte zur Folge.

Statt eine Brücke zu sein,von einer nicht tolerierbaren Vergangenheit in eine stabile, demokratische Zukunft, entstand ein Labyrinth ohne Ausgang.

Der „Prozeß" scheiterte total, in allen Bereichen. Es gibt nichts Positives zu berichten. Und obwohl sich das vielleicht makaber anhört: dieses Scheitern ist besser, trotz allem, als wenn der „Prozeß" ein Erfolg gewesen wäre. Denn dann wäre Demokratie für uns ein Wort geblieben. Wir wären für alle Zeiten in diesem Käfig der pervertierten, legalisierten Gewalt geblieben, ohne geistige oder andere Freiheit, ohne Recht und Gerechtigkeit.

Und gefangen in einem Alptraum waren wir sowieso, ohne uns dessen bewußt zu sein.

Die Isolation (aus Angst) beschränkte unsere zwischenmenschlichen Kontakte auf Menschen in ähnlichen Situationen. Wir trösteten einander, hatten dieselben Probleme und verloren langsam aber sicher den Kontakt zu einem „normalen" Leben.

Arm waren wir geworden, Fremde im eigenen Haus. So arm, daß ich froh war um die Gesellschaft meines Hundes. Da gab es kein Mißtrauen. Und der starb mir dann auch noch, alt und krank, mein guter Hund.

Was ich dem „Prozeß" verdanke, sind Freunde.

Hörer, die mir während der letzten Jahre mit ihren Briefen, ihrer Solidarität, Sicherheit gegeben hatten. Und Freunde, die ich jetzt hier in Europa traf.

In Argentinien, ohne den „Prozeß", hätten bestimmt nicht so viele, so positiv viele, entschieden, sich aktiv an der Gestaltung unserer Zukunft zu beteiligen, indem sie sich in die Mitgliedslisten der politischen Parteien einschrieben. Ohne den „Prozeß" und seine Schrecken wäre sicher nicht so klar geworden, wie unsinnig Gewalt ist, in all ihren Formen. Wäre nicht so deutlich erkannt worden, wie wichtig es ist, daß jeder einzelne sein Nein zur Gewalt lebt; nicht wartet, bis es die anderen tun.

Und dankbar bin ich, dankbar, daß die meisten von uns überlebt haben: nicht nur das, sondern auch, daß sie erkannt haben, daß es auf jeden einzelnen ankommt, sich bewußt zu engagieren, damit sich nie wiederholt, was uns passierte. Dankbar bin ich, daß wieder Freude da ist in der Luft von Argentinien, und Hoffnung.

Dankbar bin ich!

Fünfzehnter Brief

Dies ist der letzte Brief, mit dem ich den Deinen beantworte, so gut es mir möglich ist.

Es war nicht leicht, das wirst Du beim Lesen sicher bemerkt haben: aber eine Aufarbeitung von Vergangenem soll ja nicht unbedingt leicht sein. Ich bezweifle, daß ich Dir eine klare Antwort nach dem „Warum" geben konnte. So habe ich Dir ganz einfach erzählt, was ich erlebt und empfunden habe.

Ein solcher Bericht ist natürlich einseitig. Argentinien war „mehr" in diesen schlimmen Jahren. Für viele ging das ganz normale Leben einfach weiter. Das Land ist eben riesengroß, so vielseitig und nur zum geringen Teil erschlossen; hier ist noch so viel Platz für Menschen, wo immer sie auch herkommen; da konnte selbst diese blutige Offizierselite nicht alles nach ihren kranken Vorstellungen umfunktionieren.

Während meiner früheren Tätigkeit beim Rundfunk konnte ich meinen Hörern ebenfalls nur Streiflichter vermitteln. Darin habe ich eigentlich sogar den Sinn meiner Arbeit im staatlichen argentinischen Auslandsfunk gesehen, nämlich: so direkt und offen wie möglich über uns zu informieren. Dazu gehörte ganz einfach auch die Information über die schrecklich-lange Nacht, die eine kleine Gruppe unserer Landsleute über uns gebracht hatte. Wenn das in Deinen Augen mutig war, gut, dann war ich eben „mutig". Aber wie sonst sollen wir Menschen in unserer Welt eines Tages friedlich zusammenleben, wenn wir nicht um einander wissen, uns vorbehaltslos erkennen?

Deinen Brief habe ich so ausführlich beantwortet, weil ich auf Dich und Deine Generation hoffe — denn wir, so wie wir vor Euch stehen, wir haben irgendwie versagt. Wir brachten zwar einiges ins Rollen, bauten Barrikaden, zogen uns dann aber ganz elegant in theoretische Weltrevolutionsspinnereien zurück und warteten darauf, daß andere mit der Revolution anfangen. Das taten sie dann ja auch, die ganz Fanatischen, die ganz Verzweifelten und Alleingelassenen: sie griffen zur Gewalt.

Ich will nicht, daß Ihr etwas besser macht, nur menschlicher sollt Ihr bleiben, zugehen auf den anderen.

Das setzt voraus, daß jeder bei sich selbst anfängt, „offen" zu sein.

Auf Euch kommt es an, ob unsere Welt wieder menschlicher wird. Hier hoffe ich auf Dich und Deine Generation, hoffe auf die Zeit, die mit uns Menschen immer großzügiger und behutsamer umgeht, als wir mit ihr.

Meine Monate hier in Europa waren nicht nur positiv, obwohl, ich will es zugeben, die positiven Erfahrungen weitaus überwiegen. Wenn ich nun zurückkehre, tue ich das zwar noch — oder wieder — so „verdammt allein gelassen", wie Du schreibst, aber doch auch irgendwie getröstet. Und gehe an neue Projekte für unsere Weggeworfenen. Du siehst, ich glaube an die „Tropfen auf dem heißen Stein"; die sind wichtig. Und ist nicht jeder Mensch, der hungert und weggeworfen wurde, dem wir die Hand reichen, so ein Tropfen im Menschenmeer? Wenn wir ihm die Hand reichen, wird er nicht sinnlos verdunsten, müssen wir nicht eines Tages verdursten.

Un abrazo

Carl

C.

Oft hat man mich umgebracht, oft bin ich gestorben.
Ohne Zweifel, ich bin hier, bin auferstanden.
Darum danke ich meinem Unglück,
danke den Händen, die töten wollten, sie töteten so schlecht,
und drum singe ich . . .
Singe die Sonne an,
wie die Grille nach einem Jahr unter der Erde,
wie der Überlebende, der heimkehrt aus dem Krieg!

Oft hat man mich ausradiert, oft bin ich verschwunden,
auf meiner eigenen Beerdigung war ich,
habe allein um mich geweint.
Ich machte einen Knoten in mein Taschentuch,
um nicht zu vergessen, bis mir einfiel, es war nicht das erstemal,
und darum singe ich . . .
Singe die Sonne an,
wie die Grille nach einem Jahr unter der Erde,
wie der Überlebende, der heimkehrt aus dem Krieg!

Oft wird man dich umbringen, oft wirst du auferstehen.
Viele Nächte wirst du hoffnungslos durchwachen.
Bis in der zarten Stunde der Abenddämmerung
einer dich findet und mit sich nimmt
um mit dir zu singen . . .
Und du singst die Sonne an,
wie die Grille nach einem Jahr unter der Erde,
wie der Überlebende, der heimkehrt aus dem Krieg!

Maria Elena Walsh
Argentinische Poetin und Musikerin

Republik Argentinien: 2,791.810 km²

Bevölkerung: 28 Millionen

Hauptstadt: Buenos Aires

25. Mai 1810	Beginn der Unabhängigkeitsbewegung, Ende des spanischen Vizekönigreiches am Rio de la Plata.
9. Juli 1816	Unabhängigkeitserklärung. Gründung der Republik.
9. Januar 1833	Gewaltsame Besetzung der Malvinen durch England. Vertreibung der argentinischen Inselbewohner.

Zeittafel zum Buch:

23. März 1973	Freie Wahlen. Präsident wurde der Peronist Dr. Hector Campora. Er löst eine seit 1966 regierende Militär-Junta ab. Nach 49 Tagen tritt Dr. Campora zurück.
23. September 1973	Neuwahlen. Präsident wurde General Juan Domingo Peron. Peron war von 1946—1955 demokratisch gewählter Präsident des Landes. Wurde 1955 von den Streitkräften gestürzt. Lebte 18 Jahre in Spanien im Exil.
11. Mai 1974	Ermordung des Priesters Carlos Mujica.
1. Juni 1974	Tod Präsident Perons. Neues Staatsoberhaupt wurde Vizepräsidentin Maria Estela Martinez, besser bekannt als Isabel Peron.
24. März 1976	Staatsstreich der Streitkräfte. Isabel Peron wird abgesetzt und inhaftiert. Neuer Präsident wird General Jorge Rafael Videla. Höchstes Organ im Staat: eine Militär-Junta, bestehend aus den Befehlshabern des Heeres, der Marine und der Luftwaffe. Beginn des „Nationalen Reorganisationsprozesses". Teilweise Aufhebung der Verfassung; Auflösung des Kongresses; Verbot jeglicher politischen Aktivität; Gleichschaltung der Informationsmedien durch Erfindung der Autozensur; Aufhebung des Streik- und Versammlungsrechtes.

1976—1978	Im Rahmen der „Doktrin der Nationalen Sicherheit" Entführung und Ermordung von ca. 30.000 Argentiniern.
29. März 1981	Neuer Präsident General Eduardo Viola, vormals Befehlshaber des Heeres. (Anfang Juli 1984 wegen Hauptverantwortung an der Ermordung von ca. 11.000 Argentiniern unter Anklage gestellt.)
10. Dezember 1981	Absetzung General Violas. Neuer Präsident General Fortunato Galtieri.
2. April 1982	Besetzung der Malvinen-Inseln durch Argentinien.
1. Mai 1982	Krieg mit England.
11. Juni 1982	Besuch seiner Heiligkeit Papst Johannes Pauls II. in Argentinien.
14. Juni 1982	Kapitulation Argentiniens auf den Malvinen-Inseln. Absetzung General Galtieris. Deklarierter Übergangspräsident wird General Bignone.
1. Juli 1982	Aufhebung des Verbots politischer Aktivitäten, Neuorganisation der 311 im Wahlregister verzeichneten Parteien. Beginn des Wahlkampfes.
30. Oktober 1983	Freie Wahlen. Neuer Präsident Dr. Raul Alfonsin.
30. Dezember 1983	Vereidigung des Präsidenten.

ARGENTINIEN
Tucumán
Resistencia
Corrientes
ANDEN
Cordoba
Mendoza
BUENOS AIRES
Rio de la Plata
La Plata
A R G E N T I N I E N
Mar del Plata
Colorado
ATLANTISCHER OZEAN
Santa Cruz
MALVINEN
(FALKLAND-INSELN)
FEUERLAND
Hamburg
DEUTSCHE
DEMOKRATISCHE
REPUBLIK
BUNDESREPUBLIK
DEUTSCHLAND
Berlin
Elbe
Leipzig
Frankfurt
Donau
München
Zürich
SCHWEIZ
Wien
ÖSTERREICH
500 km